Joseph Prince

Gnadenzusagen für Mütter

JOSEPH PRINCE

GNADEN-ZUSAGEN FÜR *Mütter*

Grace today VERLAG

Die englische Originalausgabe erschien im Verlag 22 Media Pte. Ltd. unter dem Titel *Grace Promises for Moms*. Copyright © 2017 by Joseph Prince. Published by arrangement with 22 Media Pte. Ltd., www.josephprince.com.

Die Deutsche Nationalbibliothek verzeichnet diese Publikation in der Deutschen Nationalbibliografie; detaillierte bibliografische Daten sind im Internet über http://dnb.de abrufbar.

Umschlaggestaltung und Foto: © 22 Media Pte. Ltd.
Corporate Design: spoon design, Olaf Johannson
Übersetzung: Sonja Yeo
Lektorat: Gabriele Kohlmann
Satz: Grace today Verlag
Druck: CPI – Clausen & Bosse, Leck
Printed in Germany

1. Auflage 2024

Paperback: ISBN 978-3-95933-264-4, Bestellnummer 372264
E-Book: ISBN 978-3-95933-265-1, Bestellnummer 372265

www.gracetoday.de

Inhalt

Einleitung

Seid ihr müde? Abgekämpft? … Kommt zu mir. Kommt fort mit mir und ihr werdet euer Leben zurückgewinnen. Ich werde euch zeigen, wie ihr wirklich Erholung findet. Lebt mit mir und arbeitet mit mir – schaut zu, wie ich es mache. Lernt, im ungezwungenen Rhythmus der Gnade zu leben. Ich werde nichts Schweres oder Unpassendes auf euch legen. Bleibt in meiner Nähe und ihr werdet lernen, in Freiheit und Leichtigkeit zu leben.«

MATTHÄUS 11,28–30 MSG

Ich glaube, dass unser Herr Jesus besonders an Mütter gedacht hat, als er diese Worte sprach! Ich glaube, dass diesseits des Himmels die Mutterliebe dem unfassbar liebevollen Wesen unseres Abba-Vaters am nächsten kommt.

Ihr Mütter, ich weiß, dass ihr die Bedürfnisse eurer Familie immer über eure eigenen stellt. Ihr achtet auf alles und kümmert euch um alles – von sauberen Nasen bis hin zum sauberen Haus, von zerbrochenen Spielsachen bis hin zu gebrochenen Herzen. Und oft seid ihr völlig ausgepowert und erschöpft, weil ihr so viel von euch gegeben habt. Aber es entspricht nicht

Gottes Herz euch gegenüber, am Ende eurer Kräfte zu sein, weil ihr euch um die Bedürfnisse eurer Familie kümmert. Ihr seid dazu berufen, Mütter zu sein – eure Kinder sind ein Geschenk des Herrn und er will, dass ihr das Muttersein in seiner ganzen Fülle genießt!

Obwohl die an Mütter gestellten Anforderungen hoch und sehr real sind, ist es möglich, über den Alltagstrott des Mutterseins hinauszuwachsen – das Geheimnis liegt darin, einfach das Eine zu tun, das zählt: wie Maria zu Jesu Füßen zu sitzen und seine Liebe und Gnade zu empfangen (siehe Lk 10,39). Ihr Mütter, nur wenn ihr von Jesu Liebe erfüllt seid, werdet ihr in der Lage sein, eure Familie zu lieben und zu versorgen – aus der Fülle seiner Liebe, die in euch überfließt.

Aus diesem Grund habe ich dieses Buch geschrieben, und ich bete, dass es dich, liebe Leserin, auf deiner Reise als Mutter segnen und ermutigen wird. Nutze es, damit du in jeder Situation das Herz des Vaters für dich erkennen kannst. Nutze es, um zu hören, wie er dir seine Worte der Gnade zuflüstert, die dir Stärke und Frieden spenden werden, wenn du dich erschöpft, abgekämpft oder verunsichert fühlst.

Jede Gnadenzusage ist kurz und bündig, perfekt für einen »To-go«-Andachtsmoment am Morgen, bevor der tägliche Wahnsinn beginnt; am Abend, um nach getaner Arbeit zu entspannen; oder auch immer dann, wenn das Bedürfnis da ist, in Gottes Stärke und

Schalom-Frieden für eine »Schnellladung einzustöpseln«. (Und Gott weiß wirklich, wie oft Mütter das brauchen!)

Egal, ob du als Mutter ganztags arbeitest, nicht berufstätig, alleinerziehend, jung oder junggeblieben bist: Du bist toll. Ich bete, dass du mithilfe dieses Buches seine Liebe und sein Wort empfängst und seinem ungezwungenen Rhythmus der Gnade folgst. Mögen du und deine Familie Tage des Himmels auf Erden genießen!

In seiner Liebe

ZUSAGE 1

GOTT FREUT SICH ÜBER MICH

Gottes Zusagen an mich

Der HERR, dein Gott, ist in deiner Mitte, ein Held, der rettet; er wird sich über dich freuen mit Entzücken, er wird dich mit seiner Liebe beruhigen, er wird über dich jubeln mit Gesang.

ZEFANJA 3,17 NKJV

Von ferne her ist mir der HERR erschienen: Mit ewiger Liebe habe ich dich geliebt; darum habe ich dich zu mir gezogen aus lauter Gnade.

JEREMIA 31,3

Ein Wort der Ermutigung an mich

Es ist einer meiner Lieblingsmomente am Tag, wenn ich Zeit mit meinen Kindern verbringen kann. Einfach nur mit ihnen über ihren Tag zu sprechen und über das, was ihnen wichtig ist, ihre Stimmen zu hören und, das Beste von allem, von ihnen umarmt zu werden – das ist für mich einfach himmlisch!

Liebe Freundin, so geht es dem himmlischen Vater, wenn er daran denkt, Zeit mit dir zu verbringen. So gewaltig, allwissend und allmächtig er auch ist: Er liebt dich so sehr. Und es begeistert sein Herz, wenn du dich dafür entscheidest, Zeit mit ihm zu verbringen.

Bevor du in deinen Alltag startest, am Ende eines langen Tages oder jederzeit, wenn du dich innerlich ausgetrocknet fühlst, darfst du wissen, dass dein Papa-Gott dich dazu einlädt, zu ihm zu laufen, vor ihm ehrlich zu sein und die Umarmung seiner bedingungslosen Liebe zu empfangen. Er wird dich in seiner Liebe beruhigen und seine Kraft und Freude in dein Herz legen.

Komm heute also mutig zu deinem Vater. Lass dich von ihm umarmen und dich mit seiner Liebe sättigen.

Das spreche ich im Glauben aus

Ich bin ein geliebtes Kind von Papa-Gott und er liebt mich so sehr!

Ich bin sein Liebling und er freut sich über mich!

Persönliche Reflexion

Wünschst du dir manchmal, deine Kinder würden verstehen, wie sehr du sie wirklich liebst? Vielleicht werden sie es erst völlig zu schätzen wissen, wenn sie selbst Eltern werden!

In ähnlicher Weise gibt dein Vater im Himmel dir im Laufe deines Mutterseins einen Einblick in die Tiefe, Weite und Intensität seiner Liebe zu dir! Nimm dir heute Zeit, auf seine Liebe zu dir zu reagieren und seine Gegenwart zu genießen.

ZUSAGE 2

DER KAMPF IST GOTTES SACHE!

Gottes Zusagen an mich

So spricht der HERR zu euch: Fürchtet euch nicht und seid nicht niedergeschlagen vor dieser großen Menge! Denn der Kampf ist nicht eure Sache, sondern Gottes!

2. CHRONIK 20,15 ELB

Mose aber sprach zum Volk: Fürchtet euch nicht! Steht fest und seht die Rettung des HERRN, die er euch heute bereiten wird …

2. MOSE 14,13

Ein Wort der Ermutigung an mich

Machst du dir Sorgen über eine bestimmte Situation mit einem deiner Kinder? Gibt es ein Problem bei der Arbeit oder hast du eine schlechte Nachricht erhalten? Es spielt keine Rolle, worum es geht oder wie lange der Kampf schon andauert: Es gibt jemanden, der rund um die Uhr verfügbar ist, der die Kämpfe in deinem Leben führen und dabei jedes Mal gewinnen wird. Diese Person ist Jesus, und die Bibel ist voller Beweise – von David, der Goliath besiegte, bis hin zur völligen Zerstörung der Feinde, die gegen König Joschafat antraten –, dass der Herr die Kämpfe der zu ihm gehörigen Menschen führt.

Auch du kannst heute darauf vertrauen, dass der Herr deine Kämpfe führt, sei es in der Wiederherstellung zerstrittener Beziehungen, der Befreiung aus langjährigen Abhängigkeiten oder einfach, indem er dir Weisheit in den alltäglichen Herausforderungen des Lebens schenkt.

Das spreche ich im Glauben aus

Die Herausforderungen, denen ich gegenüberstehe, werden mich nicht entmutigen. Meine Probleme mögen groß sein, aber mein Gott ist größer!

Ich ruhe in der Zusage, dass der Herr meine Kämpfe führt. Der Kampf ist Gottes Sache!

Persönliche Reflexion

Schreibe deine Herausforderungen auf und notiere dahinter in Großbuchstaben die folgenden Worte: »UND DIESER KAMPF IST GOTTES SACHE!« Dann überlasse im Gebet deine Sorgen dem Herrn, ruhe in seiner Liebe zu dir und erwarte deinen Sieg!

ZUSAGE 3

DER HERR HAT EINEN WUNDERBAREN PLAN FÜR MICH

Gottes Zusagen an mich

Denn mein Plan mit euch steht fest: Ich will euer Glück und nicht euer Unglück. Ich habe im Sinn, euch eine Zukunft zu schenken, wie ihr sie erhofft. Das sage ich, der Herr.

JEREMIA 29,11 GNB

Es ist ein Geschenk des Herrn, wenn die Schritte eines aufrichtigen Menschen fest und sicher werden. An seinem Weg hat der Herr Gefallen.

PSALM 37,23 NGÜ

Der Herr ist mein Hirte, darum leide ich keinen Mangel. Er bringt mich auf Weideplätze mit saftigem Gras und führt mich zu Wasserstellen, an denen ich ausruhen kann.

PSALM 23,1–2 NGÜ

Ein Wort der Ermutigung an mich

Bevor du dich ganz den Vorhaben oder den Erledigungen für den heutigen Tag widmest, nimm dir etwas Zeit, dich daran zu erinnern, dass *der Herr* gute Pläne für dich hat, und ihm dafür zu danken. Seine Pläne bestehen darin, dir Glück zu schenken, dich und deine Lieben gesund zu erhalten und sicher vor Unglück zu bewahren.

Während du ihm deine Aktivitäten des Tages anvertraust, erkenne, wie er dich und deine Familie liebt und in seinen Händen hält. Gottes Wort verspricht: Wenn du ihm, dem guten Hirten, dein Vertrauen schenkst, wird er dich und deine Familie beschützen und dir dabei helfen, gute Entscheidungen zu treffen, sodass du dein Leben in allen seinen guten Plänen führen kannst.

Das spreche ich im Glauben aus

Gott hat gute Pläne für mich und meine Familie. Der Welt mag zwar dunkler und gefährlicher werden, aber Gott liebt uns zutiefst und unsere Zukunft ist hell und sicher in seinen Händen.

Ich vertraue darauf, dass Jesus, mein guter Hirte, mich leitet und führt, während ich Pläne für den heutigen Tag mache.

Persönliche Reflexion

Denke über die jeweilige Verantwortung eines Hirten und seiner Schafe nach. Was müssen die Schafe tun? Müssen sie sich Sorgen über Raubtiere machen oder darüber, wie sie die Hindernisse überwinden sollen, die zwischen ihnen und den grünen Weiden liegen? Vertraue deine Familie und jegliche Befürchtungen gleicherweise deinem guten Hirten an, und danke ihm für seine Leitung und wachsame Fürsorge.

ZUSAGE 4

JESUS SCHENKT MIR WEISHEIT FÜR DIE ERZIEHUNG

Gottes Zusagen an mich

»… Schenk mir Weisheit und Erkenntnis, damit ich gute Entscheidungen fälle, denn wer wäre fähig, dein großes Volk zu regieren?«

2. CHRONIK 1,10 NLB

Fehlt es aber einem von euch an Weisheit, dann soll er sie von Gott erbitten; Gott wird sie ihm geben, denn er gibt allen gern und macht niemandem einen Vorwurf.

JAKOBUS 1,5 EÜ

Ein Wort der Ermutigung an mich

Als dein Baby geboren wurde, hast du dir da nicht auch gewünscht, dein Wonneproppen hätte eine Gebrauchsanweisung dabei gehabt?

Es gibt zwar keine Gebrauchsanweisung, aber du hast ohnehin etwas viel Besseres – eine direkte Hotline zu dem Hersteller deines Babys: Jesus!

Der Herr freut sich sogar, wenn du dich an ihn wendest, weil es bedeutet, dass du dich nicht auf deinen eigenen Verstand oder deine eigene Erfahrung stützt, sondern demütig genug bist, ihm und seiner Weisheit zu vertrauen. Der Eine, der König Salomo Weisheit schenkte, wird auch dir gerne Weisheit in jeder Erziehungsfrage schenken!

Während deine Kinder immer größer werden, wirst du unterschiedlichen Herausforderungen in der Erziehung begegnen. Denk daran, den Herrn immer wieder um Hilfe zu bitten und immer wieder erwartungsvoll vor seinen Thron der Gnade zu kommen. Er ist aufs Beste mit dem einzigartigen Temperament und Wesen eines jeden Kindes vertraut, und er wird auch dich auf ganz persönliche Weise darin anleiten, mit seiner Weisheit und seinem Frieden sicher durch verschiedenste Situationen in der Erziehung zu navigieren.

Das spreche ich im Glauben aus

Wenn ich bei der Kindererziehung Weisheit und Hilfe brauche, schaue ich auf Jesus.

Ich erkläre, dass er meine Kinder in liebevoller Weise erschaffen hat und dass er ihr einzigartiges Temperament und Wesen kennt.

Jesus ist meine Weisheit,
um jede erzieherische Herausforderung,
die sich mir stellt, zu meistern.

Persönliche Reflexion

Auch wenn du die Gedanken deiner Kinder nicht lesen kannst, so weiß Jesus doch bei jedem Schritt, was sie innerlich beschäftigt und was für sie am besten ist. Bitte den Herrn um seine Weisheit und Leitung, damit du deinen Kindern zum jeweils richtigen Moment die Liebe, den Trost und die Hilfe anbieten kannst, die sie brauchen.

ZUSAGE 5

GOTT HAT EINE GUTE ZUKUNFT FÜR MEINE KINDER

Gottes Zusagen an mich

Halleluja! Glücklich der Mann, der den HERRN fürchtet, der große Freude an seinen Geboten hat! Seine Nachkommenschaft wird mächtig sein im Land. Das Geschlecht der Aufrichtigen wird gesegnet werden.

PSALM 112,1–2 ELB

Und sieh nur die vielen Kinder. Sie sitzen um deinen Tisch, stark und gesund wie junge Olivenbäume. So segnet der Herr den, der ihn fürchtet.

PSALM 128,3–4 NLB

Was immer Gott an Zusagen gemacht hat – in seiner Person finden sie alle ihre Erfüllung. Er ist das Ja, und deshalb sprechen wir auch unter Berufung auf ihn zur Ehre Gottes das Amen.

2. KORINTHER 1,20 NGÜ

Ein Wort der Ermutigung an mich

Jede Mutter erhofft sich für ihre Kinder eine gute Zukunft und möchte, dass sie sich zu liebevollen, verantwortungsbewussten und erfolgreichen Menschen entwickeln.

Wenn wir an Jesus glauben, können wir für die Zukunft unserer Kinder biblische Hoffnung haben – die zuversichtliche Erwartung von Gutem. Während wir im Namen Jesu für ihr Leben Segnungen, Schutz und Gunst hervorrufen, können wir zuversichtlich eine gute Zukunft für sie erwarten. Wir können in Anspruch nehmen, dass unsere Kinder durch die Zusagen Gottes gesegnet und mächtig werden, weil alle seine Zusagen in seinem Wort für uns Ja und Amen sind! Wir können die Zusagen Gottes in Anspruch nehmen, dass unsere Kinder gesegnet und mächtig sein sollen, denn er ist unser Ja zu allen seine Zusagen in seinem Wort!

Das spreche ich im Glauben aus

Ich habe für die Zukunft meiner Kinder die zuversichtliche Erwartung von Gutem. Ich nehme die Zusage aus Psalm 112 in Anspruch, dass meine Kinder mächtig sein werden auf Erden – durch Jesus!

Meine Kinder sind äußerst gesegnet, höchstbegünstigt, zutiefst geliebt und zum Überfließen gefüllt mit Gottes besten Gaben, Talenten und Fähigkeiten.

Vor ihnen liegt eine wundervolle Zukunft und sie werden sich zu Helden, zu Machern und Entscheidern für die Sache Christi entwickeln!

Persönliche Reflexion

Was erhoffst du dir für deine Kinder? Schreibe deine Hoffnungen auf und sprich sie im Namen Jesu zuversichtlich über deine Kinder aus.

ZUSAGE 6

MEINE KINDER WERDEN VON GOTT PERSÖNLICH GELEHRT

Gottes Zusagen an mich

Und alle deine Kinder werden vom HERRN gelehrt, und der Friede deiner Kinder wird groß sein.

JESAJA 54,13

Und es wird keiner mehr seinen Nächsten und keiner mehr seinen Bruder lehren und sagen: Erkenne den Herrn! Denn es werden mich alle kennen, vom Kleinsten bis zum Größten unter ihnen.

HEBRÄER 8,11

Und der Friede Gottes, der allen Verstand übersteigt, wird eure Herzen und eure Gedanken bewahren in Christus Jesus!

PHILIPPER 4,7

Ein Wort der Ermutigung an mich

Babys und kleine Kinder sind geistlich empfänglicher, als wir denken.

Wenn du deinen kleinen Kindern Lobpreislieder vorsingst oder für sie betest, berührt der Heilige Geist sie und lehrt sie über die Liebe des Herrn. Sie sind nie zu jung, um in Gottes Gegenwart zu sein.

Liebe Freundin, hör nicht auf, kleine Samen aus Gottes Wort in ihr Herz zu säen und sie auf die Liebe Jesu zu ihnen hinzuweisen. Wenn du deinen Kindern eine felsenfeste Grundlage in Christus bereitest, werden sie in seiner Liebe gegründet und erfüllt mit seinem Frieden groß werden. Selbst wenn sie eine Zeitlang auf Abwege geraten sollten, wird der Herr das, was du in ihr Leben hineingesät hast, gebrauchen, um sie wieder zu ihm zurückzubringen.

Das spreche ich im Glauben aus

Der Herr persönlich lehrt meine Kinder, während ich ihnen auf einfache und lebensnahe Weise von seiner Liebe erzähle.

Er schenkt ihnen Weisheit, Freude, Liebe und Frieden, der allen Verstand übersteigt.

Sein Heiliger Geist leitet sie sanft darin an, ihr Leben auf die beste Weise für ihn zu leben.

Persönliche Reflexion

Bitte den Herrn darum, dir im Alltag Gelegenheiten zu zeigen, deinen Kindern von Jesu Liebe und Güte zu erzählen. Es könnte etwas so Einfaches sein, wie Jesus für einen sonnigen Tag zu danken, an dem sie im Park spielen können, oder für die Erfüllung eines konkreten Bedürfnisses oder Wunsches.

ZUSAGE 7

MEIN LEBEN IM UNGEZWUNGENEN RHYTHMUS DER GNADE

Gottes Zusagen an mich

Der Herr, unser Gott, schaue freundlich auf uns und lasse unsere Arbeit gelingen. Ja, lass unsere Arbeit gelingen!

PSALM 90,17 NLB

Seid ihr müde? Abgekämpft? … Lebt mit mir und arbeitet mit mir schaut zu, wie ich es mache. Lernt, im ungezwungenen Rhythmus der Gnade zu leben. … Bleibt in meiner Nähe und ihr werdet lernen, in Freiheit und Leichtigkeit zu leben.

MATTHÄUS 11,28–30 MSG

Ein Wort der Ermutigung an mich

Fühlst du dich gestresst und müde, weil es so scheint, als böte der Tag einfach nicht genügend Zeit, um alles zu erledigen, was erledigt werden muss? Liebe Freundin, Jesus möchte, dass du dich frei und leicht fühlst, indem du lernst, dein Leben im ungezwungenen Rhythmus der Gnade zu führen.

Während seines irdischen Dienstes gab es niemanden, der produktiver war als Jesus, dennoch war er nie in Eile oder gestresst. Im Gegenteil, Jesus war immer gelassen und immer zur richtigen Zeit am richtigen Ort. Er hatte Zeit, den Menschenmengen und auch einzelnen Personen zu dienen. Er hatte sogar Zeit, die kleinen Kinder zu segnen, wenn sie zu ihm kamen.

Jesus will auch dir dabei helfen, auf diese Weise zu leben und dich im ungezwungenen Rhythmus der Gnade zu bewegen. Beginne jeden Morgen mit einem kurzen Gebet, bei dem du alle deine Aufgaben dem Herrn anvertraust, und dann vertraue darauf, dass er dir die Zeit vermehren wird. Er wird dich leiten, sodass alles, was du angehst, effektiv und erfolgreich sein wird.

Das spreche ich im Glauben aus

Wenn ich jeden Tag auf den Herrn schaue, hilft er mir, mich im ungezwungenen Rhythmus der Gnade zu bewegen. Er vermehrt mir die Zeit und lässt mir meine Arbeit gelingen.

Ich kann meine täglichen Aufgaben effektiv und fröhlich erledigen und mich in Freiheit und Leichtigkeit an meiner Familie freuen.

Persönliche Reflexion

Sinne über Matthäus 11,28–30 nach und lass dein Herz mit Freude füllen in dem Bewusstsein, dass Jesus ein Leben in Leichtigkeit und Freiheit für dich will, bei dem du ihm deinen Tag anvertraust und aus dem ungezwungenen Rhythmus der Gnade lebst.

ZUSAGE 8

GOTT HEILT MICH, WEIL ER MICH LIEBT

Gottes Zusagen an mich

Er zog in ganz Galiläa umher, lehrte in den Synagogen, verkündete das Evangelium vom Reich und heilte im Volk alle Krankheiten und Leiden.

MATTHÄUS 4,23 EÜ

… ich bin der HERR, dein Arzt!

2. MOSE 15,26

Gott ist unsere Zuflucht und Stärke, eine sehr gegenwärtige Hilfe in der Not.

PSALM 46,1 NKJV

Ein Wort der Ermutigung an mich

Liebe Freundin, wenn du zurzeit von irgendwelchen Krankheitssymptomen geplagt wirst, dann bringe sie doch genau jetzt vor Jesus. Jesus will dich aus einem sehr einfachen Grund heilen: Er liebt dich.

Die unermessliche Barmherzigkeit und tiefe Liebe, mit der unser Herr die Menschen liebte, die er während seines irdischen Lebens heilte, ist dieselbe Liebe, mit der er heute *dich* liebt.

Und in seiner tiefen Liebe wendet er sich nicht von dir ab. Er wendet sich nicht von dir ab, wenn du einen Fehler gemacht hast. Er wendet sich nicht von dir ab, wenn du das Gefühl hast, irgendwelchen Ansprüchen nicht gerecht zu werden. Und er wendet sich auch nicht von dir ab, wenn du krank bist.

Der Psalmist sagt: »Gott ist unsere Zuflucht und Stärke, eine sehr gegenwärtige Hilfe in der Not.« Das bedeutet, dass Gott heute bei dir ist. Und wenn du von einem körperlichen, mentalen oder emotionalen Leiden gequält wirst, möchte ich dich ermutigen, das Folgende zu glauben: Er liebt dich und er hat die Macht, dich aus dem Griff dieser Dinge zu befreien.

Das spreche ich im Glauben aus

Jesus ist mein Arzt und meine sehr gegenwärtige Hilfe in der Not.

Er liebt mich und ist bei mir, um mich von jeder Krankheit und jedem Leiden zu befreien.

Persönliche Reflexion

Gibt es eine Krankheit oder ein Leiden, das dich oder deine Kinder heute beeinträchtigt? Erkenne, wie groß Jesu Liebe zu dir und deiner Familie ist und dass er euch stark und gesund sehen will. Erkenne, dass er bei euch ist, euch heilt und euch seine göttliche Gesundheit, sein göttliches Leben und Wohlbefinden zuströmen lässt.

ZUSAGE 9

JESUS KANN UND WILL MICH HEILEN

Gottes Zusagen an mich

Darin ist die Liebe bei uns vollkommen geworden, dass wir Freimütigkeit haben am Tag des Gerichts, denn gleichwie Er ist, so sind auch wir in dieser Welt.

1. JOHANNES 4,17

Da trat ihm ein Aussätziger in den Weg. Er fiel vor ihm nieder und sagte: »Herr, wenn du willst, kannst du mich gesund machen.« Jesus berührte ihn. »Ich will es tun«, sagte er. »Sei gesund!« Und im selben Augenblick war der Mann von seiner Krankheit geheilt.

MATTHÄUS 8,2–3 NLB

Am Abend brachte man viele Besessene zu ihm. Er trieb mit seinem Wort die Geister aus und heilte alle Kranken, damit sich erfüllen sollte, was durch den Propheten Jesaja gesagt worden ist: Er hat unsere Leiden auf sich genommen und unsere Krankheiten getragen.

MATTHÄUS 8,16–17 EÜ

Ein Wort der Ermutigung an mich

Hast du oder hat jemand in deiner Familie mit einer Krankheit oder mit Schmerzen zu kämpfen? Fragst du dich, ob es Gottes Wille für dich ist, geheilt zu werden?

Ich bin so froh, dass die Bibel diese Frage direkt anspricht. In Matthäus 8 kam ein Aussätziger zu Jesus und sagte: »Wenn du willst, kannst du mich gesund machen.« Der Leprakranke zweifelte nicht, dass Jesus ihn heilen *konnte*, doch er war sich nicht sicher, ob Jesus ihn heilen *wollte*.

Findest du Jesu Antwort nicht auch toll? In Liebe streckte er seine Hand aus, berührte den Mann (der lange Zeit nicht berührt worden war) und sagte: »Ich will es tun. Sei gesund!« Ich möchte dich wissen lassen, dass Jesus dir heute dasselbe sagt. Erkenne, wie er dir seine liebende Hand entgegenstreckt. So wie Jesus dem Leprakranken durch seine Berührung die Würde zurückgab und seinen Körper wiederherstellte, kann und will er auch jedes körperliche Leiden und jede Verletzung in deinem Herzen heilen.

Das spreche ich im Glauben aus

Jesus kann mich heilen und er ***will*** *es auch. Er nahm alle Krankheiten, Schmerzen und Leiden am Kreuz um meinetwillen auf sich, damit ich in ganzheitlicher Gesundheit leben kann.*

Ich glaube, dass seine Heilung, Kraft und Wiederherstellung in meiner Seele und meinem Körper jetzt im Überfluss vorhanden sind.

Persönliche Reflexion

In der Bibel gibt es kein Beispiel dafür, dass jemand mit der Bitte um Heilung zu Jesus kam, ohne sie auch zu empfangen. Jesus ist auch heute noch derselbe und es ist sein Wille für dich, geheilt zu werden! Danke dem Herrn heute für diese Wahrheit.

ZUSAGE 10

MIR STEHT ÜBERFLIESSENDE VERSORGUNG ZU!

Gottes Zusagen an mich

Gott aber kann viel mehr tun, als wir jemals von ihm erbitten oder uns auch nur vorstellen können.

EPHESER 3,20 HFA

Mein Gott aber wird euch durch Christus Jesus alles, was ihr nötig habt, aus dem Reichtum seiner Herrlichkeit schenken.

PHILIPPER 4,19 EÜ

Ein Wort der Ermutigung an mich

Fehlt dir etwas und brauchst du heute Gottes praktische Versorgung? Du kannst zuversichtlich sein, denn unser Gott ist ein lebensnaher Gott, der sich darauf spezialisiert hat, nicht einfach nur die Bedürfnisse seiner Menschen zu erfüllen, sondern ihnen noch viel mehr zu geben, als sie brauchen.

Das Kernstück der göttlichen Gnade ist *Versorgung* – Gott liebt es, dir alles zu geben, was dir fehlt. In der Bibel sehen wir viele Beispiele, bei denen Jesus auf überfließende Weise für die körperlichen Bedürfnisse der Menschen sorgt. Er speiste eine hungrige Menge von Tausenden Menschen und zwölf Körbe voll mit Resten blieben dabei noch übrig. Er schenkte dem Fischer Simon Petrus einen netzzerreißenden, bootversenkenden Fischfang.

Jesus ist auch heute derselbe und hat Freude daran, dein *Jahwe-Jireh* zu sein – der Herr, der versorgt. Es gibt keinen Mangel, der zu groß wäre, um von ihm ausgefüllt zu werden. Und es gibt auch kein Bedürfnis, das klein genug wäre, um von ihm übersehen zu werden. Du musst nichts tun, außer ihn im Glauben darum zu bitten und es im Namen Jesu in Empfang zu nehmen!

Das spreche ich im Glauben aus

Im Namen Jesu bitte ich mutig um überfließende Versorgung, weil ich weiß, dass mein Gott ein GROSSER Gott ist, der Freude daran hat, mich über alle Maßen zu segnen.

Ich beschließe, meinen Blick auf Jesus und sein vollbrachtes Werk zu heften, das mir das Recht auf jeden Segen geschenkt hat. Er wird mich mit allem versorgen, was ich brauche, und mit noch viel mehr – nach dem Reichtum seiner Herrlichkeit!

Persönliche Reflexion

Sorgst du dich heute wegen konkreter Bedürfnisse? Erkenne, wie sehr der Herr dazu bereit ist, dich über alle Maßen und auf überfließende Weise mit mehr zu versorgen, als du jemals von ihm erbitten oder dir auch nur vorstellen könntest, und danke ihm dafür.

ZUSAGE 11

MIT DEM BLUT JESU BEDECKT

Gottes Zusagen an mich

»Wenn ich das Blut sehe, werde ich an euch vorübergehen und euch verschonen. Diese Todesplage wird euch nicht treffen, wenn ich Ägypten strafe.«

2. MOSE 12,13 NLB

Mit seinen Schwingen bedeckt er dich,
und unter seinen Flügeln findest du Zuflucht …

PSALM 91,4 ZÜB

Ein Wort der Ermutigung an mich

In einer Welt, in der an jeder Ecke Gefahren und Krankheiten lauern, machen sich Eltern verständlicherweise Sorgen um die Sicherheit und Zukunft ihrer Familie. Wenn es auch dir so geht, möchte ich dich ermutigen, dich und deine Familie stets unter den wachsamen Augen und dem allumfassenden Schutz unseres Herrn Jesus zu sehen.

In der Nacht des ersten Passahs gab der Herr den Israeliten die Anweisung, das Blut des Lammes auf beide Pfosten und den oberen Balken ihrer Türen aufzutragen. Das Opferlamm war Gottes Trumpfkarte, um sein Volk aus der Hand des Pharaos zu befreien. Und doch war es die Aufgabe des Volkes, das Blut aufzutragen, damit Gottes Schutz und Befreiung ihre Wirkung entfalten konnten.

Heutzutage »trägst du das Blut auf«, indem du glaubst und erklärst, dass Gottes Verheißungen durch das vergossene Blut Jesu dir gehören. Auf diese Weise nimmst du Gottes Segnungen (die auch seinen Schutz für dich und deine Familie beinhalten) in Anspruch.

Deine Zunge hat Macht: Wenn du Gottes Wort über deine Familie aussprichst, kannst du beruhigt sein, weil du weißt, dass der Herr dich und deine Angehörigen mit seiner Liebe und seinem Schutz bedeckt!

Das spreche ich im Glauben aus

Ich glaube und erkläre, dass Jesu Blut mich dazu berechtigt hat, alle Segnungen Gottes zu genießen – das beinhaltet auch seinen Schutz für mich und meine Angehörigen.

Wir sind sicher und beschützt unter seinen mächtigen Flügeln!

Persönliche Reflexion

Stell dir bildlich vor, wie Jesus dich und deine Kinder unter seinen Flügeln versammelt, so wie eine Mutterhenne ihre Küken versammelt (siehe Mt 23,37). Ist es nicht ungemein tröstlich zu wissen, dass auch Jesus solche Instinkte besitzt, wie sie eine Mutter hat?

ZUSAGE 12

ICH BIN DIE GERECHTIGKEIT GOTTES IN CHRISTUS

Gottes Zusagen an mich

Denn er hat den, der von keiner Sünde wusste, für uns zur Sünde gemacht, damit wir in ihm [zur] Gerechtigkeit Gottes würden.

2. KORINTHER 5,21

Seht, welch eine Liebe hat uns der Vater erwiesen, dass wir Kinder Gottes heißen sollen!

1. JOHANNES 3,1

Kann uns noch irgendetwas von der Liebe Christi trennen? … Aber trotz all dem tragen wir einen überwältigenden Sieg davon durch Christus … Ich bin überzeugt: Nichts kann uns von seiner Liebe trennen. Weder Tod noch Leben, weder Engel noch Mächte, weder unsere Ängste in der Gegenwart noch unsere Sorgen um die Zukunft, ja nicht einmal die Mächte der Hölle können uns von der Liebe Gottes trennen.

RÖMER 8,35.37–38 NLB

Ein Wort der Ermutigung an mich

Wir alle kennen das: Nach einem langen Tag bist du erschöpft und ausgelaugt, und die Kinder sind schwierig und widerspenstig. Du versuchst ruhig zu bleiben, aber irgendwann bringt dich etwas zum Ausrasten und du fängst an, deine Kinder (und vielleicht auch deinen Ehemann) anzuschreien.

Es ist ganz natürlich, sich in diesen Momenten wie die schlechteste Mutter der Welt zu fühlen. Und doch ist genau das die Zeit, um dich daran zu erinnern, wer du in Christus bist, und seine Liebe zu empfangen. Das ist die Zeit, um auszusprechen, dass du die Gerechtigkeit Gottes in Christus bist, und dein Herz von seiner Liebe überfluten zu lassen. Anstatt verurteilende und schuldbeladene Gedanken anzunehmen, die vom Feind kommen, halte an deiner wahren Identität in Christus fest: Du bist ein gerechtes und immer geliebtes Kind des allerhöchsten Gottes und dir ist vollkommen vergeben!

Wenn du deine Identität darin verankerst, wer du laut der Bibel bist, wirst du anfangen, das Leben einer Überwinderin zu führen!

Das spreche ich im Glauben aus

Dank Jesu vollbrachtem Werk am Kreuz bin ich die Gerechtigkeit Gottes in Christus. Alle meine Sünden – vergangene, gegenwärtige und zukünftige – sind durch Jesu vergossenes Blut vergeben worden.

Auch wenn ich versage, bleibe ich von Gott angenommen. Er liebt mich noch immer und ist bei mir und für mich. Nichts kann mich von seiner Liebe trennen. Durch seine Liebe und Gnade bin ich eine Überwinderin.

Persönliche Reflexion

Mach es dir zur Gewohnheit, deine Gerechtigkeit in Christus auszusprechen, immer wenn du deiner Familie gegenüber die Nerven verlierst. Bitte Jesus darum, an den anstrengenden Tagen des Mutterseins deine Geduld, Freude und Stärke zu sein, und sei dir gewiss: Weil du die Gerechtigkeit Gottes in Christus bist, hört er deine Gebete (siehe Ps 34,16.18)

ZUSAGE 13

ICH WURDE VON STRESS BEFREIT

Gottes Zusagen an mich

Euer Herz beunruhige sich nicht und ängstige sich nicht. [Erlaubt meinem vollkommenen Frieden, euch in jeder Situation zu beruhigen und euch Mut und Kraft für jede Herausforderung zu geben].

JOHANNES 14,27 AMP

Und als er in Angst [o. im Kampf] war, betete er heftiger. Es wurde aber sein Schweiß wie große Blutstropfen, die auf die Erde herabfielen.

LUKAS 22,44 ELB

Christus hat uns vom Fluch des Gesetzes freigekauft, indem er für uns zum Fluch geworden ist; denn es steht geschrieben: Verflucht ist jeder, der am Holz hängt.

GALATER 3,13 EÜ

Ein Wort der Ermutigung an mich

Wusstest du, dass Stress ein Fluch ist? Aufgrund von Adams Sünde wurde die Menschheit dazu verflucht, für ihren Lebensunterhalt zu »schwitzen«, also bei den alltäglichen Aufgaben unter Stress zu stehen (siehe 1Mo 3,19).

Die gute Nachricht ist, dass Jesu vollkommenes Opfer am Kreuz uns von jedem Fluch freigekauft hat, sogar von Stress! Tatsächlich war Jesus im Garten Gethsemane, im Angesicht des großen Leidens, das vor ihm lag, unter derartig gewaltigem Stress, dass »sein Schweiß wie große Blutstropfen« wurde. Das geschah, weil die Blutkapillaren, die seine Schweißdrüsen versorgten, platzten, weshalb er neben Schweiß auch Blut schwitzte (ein Zustand, der als »Hämhidrose« bekannt ist).

Gelobt sei der Herr, denn das bedeutet: Als sein Blut mit Schweiß vermischt wurde, wurden wir – durch die erlösende Wirkung von Jesu Blut – vom Schweiß erlöst und können jetzt frei von Stress leben! Und nicht nur das: Jesus schenkte uns außerdem seinen vollkommenen Schalom-Frieden, damit wir immer ruhig sein können, anstatt gestresst zu sein!

Das spreche ich im Glauben aus

Weil Jesus für mich gelitten und sich als vollkommenes Opfer hingegeben hat, kann ich frei von Stress und Angst leben.

Sein mit Schweiß vermischtes Blut hat mich freigekauft vom Fluch des Stresses, und ich empfange seinen vollkommenen Schalom-Frieden für jegliche Situation, die mich zurzeit beunruhigt.

Persönliche Reflexion

Was löst in deinem Leben Stress aus? Stell dir bildlich vor, wie Jesus im Garten Gethsemane an deiner Stelle schwitzt und großen Stress erleidet. Danke ihm dafür, dass du durch sein Opfer gelassen bleiben und seinen Schalom-Frieden genießen kannst!

ZUSAGE 14

GOTT ERFÜLLT MEINE TRÄUME

Gottes Zusagen an mich

Denn du selbst hast mein Inneres gebildet, mich zusammengefügt im Leib meiner Mutter. … Du sahst mich schon, als ich ein Knäuel von winzig kleinen Zellen war. Und bevor mein erster Tag begann, stand mein Leben längst in deinem Buch.

PSALM 139,13.16 NEÜ

Freu dich am Herrn, und er wird dir geben, was dein Herz wünscht.

PSALM 37,4 NLB

Ein Wort der Ermutigung an mich

Frauen müssen so viele verschiedene Rollen unter einen Hut bringen: Ehefrau, Mutter, Tochter, Schwester, Arbeitgeberin oder Arbeitnehmerin und Freundin. Inmitten all dieser Rollen kann man leicht aus den Augen verlieren, wer man als Person ist; eine Person mit einzigartigen Begabungen und Träumen, die Gott in dein Herz gelegt hat.

Die gute Nachricht ist, dass Gott dich nicht vergisst. Sein Wort sagt, dass er dein Inneres gebildet und dich im Leib deiner Mutter zusammengefügt hat und dass er dich mit Namen kennt. Das zeugt von großer Vertrautheit und Liebe!

Du bist sein Meisterwerk und er hat dich zu etwas Besonderem in dieser Welt bestimmt. Deine Familie mag dich manchmal vielleicht als selbstverständlich ansehen. Bei der Arbeit fühlst du dich vielleicht unbedeutend. Aber verliere nicht den Mut. Nähre dich von Gottes Liebe zu dir und stärke dich in ihr – und du wirst deine Bestimmung ausfüllen und im Leben Erfüllung finden.

Das spreche ich im Glauben aus

Jesus sind meine Hoffnungen und Träume als Frau, Ehefrau und Mutter wichtig. Er wird mir die Weisheit geben, die ich brauche, und mich zur richtigen Zeit an den richtigen Ort stellen, damit meine Träume sich erfüllen können.

Ich wurde in einzigartiger Weise mit gottgegebenen Gaben und Talenten geschaffen, um Gottes Bestimmung in meinem Leben zu erfüllen.

Persönliche Reflexion

Was sind deine Herzensträume, die dir Freude und Erfüllung schenken würden? Schreibe sie auf und übergib sie Gott im Gebet. Während du das tust, darfst du wissen, dass Gott sie dir ins Herz geschrieben hat und dass er dich versorgen und dich leiten wird, bis du sie in Erfüllung gehen siehst.

ZUSAGE 15

WENN ES MIR WICHTIG IST, IST ES AUCH IHM WICHTIG

Gottes Zusagen an mich

Werft alle eure Sorge auf ihn,
denn er kümmert sich um euch!

1. PETRUS 5,7 EÜ

Kauft man nicht fünf Spatzen für zwei Groschen? Und doch kümmert sich Gott um jeden Einzelnen von ihnen. Doch bei euch ist sogar jedes Haar auf dem Kopf gezählt. Habt keine Angst: Ihr seid Gott mehr wert als ein ganzer Schwarm Spatzen!

LUKAS 12,6–7 GNB

Ein Wort der Ermutigung an mich

Bist du entmutigt von den täglichen Herausforderungen, aber du denkst, sie wären zu unbedeutend, um für sie zu beten? Vielleicht machen dich die Wutanfälle deines Kleinkindes oder das ständig unordentliche Zimmer deines Teenagers wahnsinnig, oder vielleicht zermürbt dich die nicht enden wollende Hausarbeit.

Jesus will, dass du weißt: Er kümmert sich – sogar um die kleinsten Dinge! Sein Wort sagt, dass du *alle* deine Sorgen auf ihn werfen sollst. Es sagt außerdem, dass er sogar jedes Haar auf deinem Kopf zählt. Denk mal darüber nach. Wenn es ihm nichts ausmacht, das zu tun, hat er definitiv Zeit, sich um *alle* deine Anliegen zu kümmern – sogar um die, die dir dafür zu unwichtig erscheinen.

Liebe Freundin, ich möchte dich ermutigen, dich immer, wenn du dich müde oder überfordert fühlst, an den Herrn zu wenden. Bitte ihn darum, dich mit seiner Liebe, Kraft und Gnade zu erfüllen, und erlaube seiner übernatürlichen Freude und seinem übernatürlichen Schalom, in jede Herausforderung deines Alltags hineinzufließen!

Das spreche ich im Glauben aus

Jesus ist persönlich an meinem
Wohlbefinden interessiert.
Was immer mir wichtig ist,
ist auch ihm wichtig.

Er kümmert sich um das, was mich
beschäftigt, und für ihn ist kein Detail
zu unbedeutend. Ich kann ihm jedes
Anliegen bringen und darauf vertrauen,
dass er sich darum kümmert.

Persönliche Reflexion

Sag dem Herrn, was dich heute beschäftigt. Wenn es dir wichtig ist, ist es auch ihm wichtig, und du kannst darauf vertrauen, dass er sich für dich darum kümmern wird. Bitte ihn außerdem darum, dich jeden Tag mit seiner Freude zu erfüllen.

ZUSAGE 16

MITTEN IM STURM RICHTET JESUS MICH AUF

Gottes Zusagen an mich

Und Petrus stieg aus dem Boot und ging über das Wasser, Jesus entgegen. Als er sich aber umsah und die hohen Wellen erblickte, bekam er Angst und begann zu versinken. »Herr, rette mich!«, schrie er. Sofort streckte Jesus ihm die Hand hin und hielt ihn fest.

MATTHÄUS 14,29–31 NLB

Aber in diesem allen sind wir mehr als Überwinder durch den, der uns geliebt hat.

RÖMER 8,37 ELB

Ein Wort der Ermutigung an mich

Gibt es Tage, an denen du dich wie Petrus in der obenstehenden Erzählung fühlst? Mitten im Sturm machte Petrus einen guten Anfang, als er auf dem Wasser ging, aber dann empfand er die Wellen als zu überwältigend und begann zu sinken.

Vielleicht kümmerst du dich um ein Kind, das eine Behinderung hat, und die täglichen Herausforderungen zermürben dich. Wie Petrus hast du vielleicht das Gefühl, dass du den Kampf gegen die stürmischen Winde und himmelhohen Wellen der Ungewissheit, Ängste und Erschöpfung verlierst.

Liebe Freundin, schau auf Jesus und erkenne, dass er dir seine Hand entgegenstreckt. Der Eine, der über dem Sturm steht, ist hier bei dir, um dich an der Hand zu nehmen und dich aufzurichten. Er wird dich befähigen, auf übernatürliche Weise über genau die Wellen zu laufen, die dich zu überwältigen drohen.

Während du deine Augen auf Jesus gerichtet hältst, ruhe in dem Wissen, dass seine Gnade – die immer mehr als genug ist, um jede Herausforderung zu überwinden –, dich und deine Familie dazu befähigen wird, aus jedem Sturm, jeder Schwierigkeit und jeder chronischen Erkrankung als unbestrittener Sieger hervorzugehen!

Das spreche ich im Glauben aus

Jesus ist immer da, um mich an der Hand zu nehmen, mich aufzurichten und mich zu befähigen, über jeden Sturm erhaben zu sein. Seine Gnade ist mehr als genug, um alle täglichen Herausforderungen und Hindernisse zu überwinden.

Durch seine Liebe zu uns sind meine Familie und ich mehr als Überwinder!

Persönliche Reflexion

Es gibt keinen Sturm, der zu dunkel wäre, als dass Jesus dich nicht aus ihm herausretten könnte. Überlege dir drei alltagstaugliche Möglichkeiten, wie du deinen Blick auf Jesus gerichtet halten kannst, wenn die täglichen Herausforderungen dich zu überwältigen drohen. Beispiele dafür wären: das Wort laut aussprechen, das Abendmahl nehmen oder Zeit einplanen, um ihm in der Anbetung für seine Treue und Liebe zu danken.

ZUSAGE 17

ICH BIN EINE ÜBERWINDERIN

Gottes Zusagen an mich

Was wollen wir nun hierzu sagen? Ist Gott für uns, wer kann gegen uns sein? Er, der sogar seinen eigenen Sohn nicht verschont hat, sondern ihn für uns alle dahingegeben hat, wie sollte er uns mit ihm nicht auch alles schenken?

RÖMER 8,31–32

Wer wird uns scheiden von der Liebe Christi? Bedrängnis oder Angst oder Verfolgung oder Hungersnot oder Blöße oder Gefahr oder Schwert? … Aber in diesem allen sind wir mehr als Überwinder durch den, der uns geliebt hat.

RÖMER 8,35–37 ELB

Ein Wort der Ermutigung an mich

Wenn du dein Leben in dem Bewusstsein führst, dass Gott *für* dich ist, wird das deinen Blick auf deine Herausforderungen verändern – egal, ob es deine Kinder, deine Ehe, dein Leben als alleinerziehende Mutter oder einfach den Alltagstrott betrifft.

Denk mal darüber nach: Wenn Gott – das mächtigste Wesen im Himmel und auf Erden – auf deiner Seite ist und dich versorgt und für dich kämpft, wer oder was könnte dich dann besiegen? Was auch immer gegen dich ist – sei es auf sichtbarer oder unsichtbarer Ebene –, hat keine Chance gegen unseren allmächtigen Gott!

Liebe Freundin, Gott ist auf deiner Seite, weil das Blut seines Sohnes Jesus dich von aller Sünde gereinigt hat. Dank Jesus hast du vollkommene Vergebung und Gott hat dich vorbehaltlos angenommen. Seine Heiligkeit und Gerechtigkeit sind jetzt auf deiner Seite.

Wenn du in deinem Leben gerade vor einer Herausforderung stehst, darfst du wissen, dass Gott FÜR dich ist. Seine Weisheit, sein Schutz und seine Kraft sind auf deiner Seite. Sprich also mutig aus: »Gott liebt mich und ist für mich. In Christus bin ich eine Überwinderin.«

Das spreche ich im Glauben aus

Womit auch immer ich heute kämpfe:
Ich bin eine Überwinderin in Christus.
Weil Gott mich liebt und für mich ist,
stehen mir in jedem Bereich seine Versorgung,
seine Weisheit und sein Schutz zur Verfügung.

Persönliche Reflexion

Hast du das Gefühl, dass du in manchen Bereichen deines Lebens einen aussichtslosen Kampf führst? Schöpfe Kraft aus dem Wissen, dass der Herr heute sowohl bei dir als auch *für dich* ist. Erzähl ihm, was dich entmutigt, und erlebe, wie er deiner Not begegnet und dich zum Sieg führt.

ZUSAGE 18

MEINE KINDER SIND EIN SEGEN

Gottes Zusagen an mich

Kinder sind ein Geschenk des Herrn,
sie sind ein Lohn aus seiner Hand.

PSALM 127,3 NLB

[Jesus Christus] … [hat] uns zu Königen und Priestern gemacht für seinen Gott und Vater – Ihm sei die Herrlichkeit und die Macht von Ewigkeit zu Ewigkeit! Amen.

OFFENBARUNG 1,6

Gesegnet wird sein die Frucht deines Leibes …

5. MOSE 28,4

Ein Wort der Ermutigung an mich

Muttersein ist ein wunderbares Abenteuer voller Freude, aber seien wir mal ehrlich: Es gibt auch harte Zeiten – wenn der Säugling Koliken hat, das Kleinkind regelmäßig Wutanfälle bekommt und der Teenager seinen eigenen Kopf durchsetzen will.

Wenn du im Umgang mit deinen Kindern vor Herausforderungen stehst, erinnere dich daran, dass du durch Christus Königin und Priesterin bist und deine Worte Kraft haben. Richte deine Worte also an seinem Wort aus. Sprich aus, dass deine Kinder ein Geschenk vom Herrn sind und dass er sie leiten und lehren wird.

Wenn du an seinen Zusagen für deine Kinder festhältst, wird er sein Wort und seine guten Pläne und Absichten für sie treu erfüllen!

Das spreche ich im Glauben aus

Ich werde mich über meine Kinder freuen und dem Herrn danken, dass er mich mit ihnen gesegnet hat. Sie sind ein Geschenk vom Herrn. Sie werden von ihm gelehrt, und ihr Friede wird groß sein (siehe Jes 54,13).

Im Namen Jesu spreche ich aus, dass sich im Wesen meiner Kinder die Eigenschaften Jesu zeigen – dass sie liebevoll, freundlich, voller Freude und Frieden sind und gesegnet, um überall ein Segen zu sein.

Persönliche Reflexion

Welche Christus-ähnlichen Eigenschaften und Wesenszüge würdest du in deinen Kindern gern sehen? Beschreibe sie und übergib sie dem Herrn im Gebet. Bitte den Herrn, dass du diese Wesenszüge in deinen Kindern sehen kannst, und sprich immer wieder im Glauben aus, dass deine Kinder sie bereits haben.

ZUSAGE 19

DER HERR BESCHÜTZT MEINE KINDER VOR GEFAHREN

Gottes Zusagen an mich

Ich sage zum HERRN: Meine Zuflucht und meine Burg, mein Gott, ich vertraue auf ihn! Denn er rettet dich von der Schlinge des Vogelstellers, von der verderblichen Pest. Mit seinen Schwingen deckt er dich, und du birgst dich unter seinen Flügeln. Schild und Schutzwehr ist seine Treue.

PSALM 91,2–4 ELB

»Fürchte dich nicht, denn ich bin bei dir. Ich werde deine Kinder aus dem Osten holen und dich aus dem Westen sammeln.«

JESAJA 43,5 NLB

Durch Glauben wurde Mose nach seiner Geburt von seinen Eltern drei Monate lang verborgen gehalten, weil sie sahen, dass er ein schönes Kind war; und sie fürchteten das Gebot des Königs nicht.

HEBRÄER 11,23

Ein Wort der Ermutigung an mich

Liebe Freundin, es liegt große Kraft darin, deine Kinder dem Herrn anzuvertrauen, damit er sie beschützt.

Jochebed brachte ihren Sohn Mose in gefährlichen Zeiten zur Welt. Der Pharao wollte alle kleinen hebräischen Jungen im Land töten lassen. Doch sie erkannte, dass ihr Sohn jemand Besonderes war, und weil ihr bewusst war, in welcher Gefahr er sich befand, vertraute sie ihn dem Herrn an. Sie legte ihn in einen Korb aus Schilfrohr und setzte den auf dem Nil ins Wasser. Gott ehrte Jochebeds Glauben, bewahrte Moses Leben auf übernatürliche Weise und leitete ihn zur richtigen Zeit dazu an, seine Bestimmung als einer der mächtigsten Leiter Israels zu erfüllen.

Vertraue deine Kinder heute dem Herrn an und erlebe, wie er in ihnen und durch sie mächtige Dinge tut.

Das spreche ich im Glauben aus

Ich vertraue meine Kinder den mächtigen Händen meines himmlischen Vaters an, der sie mehr liebt, als ich es jemals könnte.

Der Herr ist ihre Zuflucht und sichere Festung. Er rettet sie aus dem Netz des Vogelfängers und bewahrt sie vor der tödlichen Pest.

Unter seinen mächtigen Flügeln werden meine Kinder immer in Sicherheit sein.

Persönliche Reflexion

Es ist unmöglich, deine Kinder in jeder Lebensphase durch deine eigene Klugheit und Stärke vor allen Gefahren der Welt zu beschützen. Vertraue sie also dem Herrn an. Bitte ihn um Hilfe bei der Überwindung deiner natürlichen Reflexe, dir Sorgen zu machen, und wirf alle deine Ängste und Sorgen um deine Kinder auf den Herrn.

ZUSAGE 20

GOTT SCHENKT MIR FRIEDVOLLEN SCHLAF

Gottes Zusagen an mich

Was könnt ihr denn ohne Gott erreichen? In aller Frühe steht ihr auf und arbeitet bis tief in die Nacht; mit viel Mühe bringt ihr zusammen, was ihr zum Leben braucht. Den Seinen gibt er (gesunden) Schlaf.

PSALM 127,2 GNB

Er wird deinen Fuß nicht wanken lassen, und der dich behütet, schläft nicht. Siehe, der Hüter Israels schläft noch schlummert nicht.

PSALM 121,3–4

Ein Wort der Ermutigung an mich

Eine der größten Herausforderungen als frischgebackener Elternteil, an die ich mich erinnere, waren die unerquicklichen Schlafunterbrechungen, die durch das nächtliche Aufwachen unseres Babys verursacht wurden. Das brachte uns neue Offenbarungen über den Vers, in dem es darum geht, dass Gott den Seinen erholsamen Schlaf gibt!

Liebe Freundin, dein himmlischer Vater möchte für dich, dass du das Leben voll auskosten kannst, und das schließt friedvollen Nachtschlaf mit ein. Wenn du oft nicht schlafen kannst, weil du dir Sorgen machst oder Ängste hast, will er, dass du loslässt und ihm erlaubst, sich um alle deine Anliegen zu kümmern.

Die Bibel sagt uns sogar, dass er »nicht schlummert« – er bleibt wach –, damit du unter seiner aufmerksamen Fürsorge ausruhen und erholsamen Schlaf genießen kannst.

Was auch immer den Schlafmangel in deiner aktuellen Situation verursacht – ob du nach dem nächtlichen Aufwachen nicht wieder einschlafen kannst oder eine Sorge dich nicht in Ruhe lässt –, erkenne anhand seiner Zusagen, dass er dir echte Ruhe für dein Denken und deinen Körper schenken will, weil du zu ihm gehörst und er dich liebt.

Das spreche ich im Glauben aus

Ich erkläre hiermit, dass ich heute und in allen anderen Nächten friedlich schlafen werde.

Ich werfe alle meine Sorgen und Befürchtungen auf Gott und lasse nicht zu, dass irgendwelche Sorgen mich nachts wachhalten.

Mein Gott, der weder schlummert noch schläft, wird über mich und meine Familie wachen, während ich in seiner Liebe ruhe!

Persönliche Reflexion

Bitte den Herrn, dir zu helfen, deine Sorgen auf ihn zu werfen und in seiner Liebe zu ruhen. Wenn du abends oder nachts nicht einschlafen kannst, denk über Psalm 127,2 nach und danke Gott, dass er diesen Vers für dich zur Realität werden lässt.

ZUSAGE 21

GESEGNET, UM EIN SEGEN ZU SEIN

Gottes Zusagen an mich

Und ich will dich zu einem großen Volk machen und dich segnen und deinen Namen groß machen, und du sollst ein Segen sein.

1. MOSE 12,2

»Macht die Kranken gesund, erweckt die Toten zum Leben, heilt die Aussätzigen und treibt böse Geister aus. Teilt eure Gaben genauso großzügig aus, wie ihr sie geschenkt bekommen habt!«

MATTHÄUS 10,8 NLB

Jeder gebe, wie er sich in seinem Herzen vorgenommen hat: nicht mit Verdruss oder aus Zwang, denn einen fröhlichen Geber liebt Gott. Gott aber vermag euch jede Gnade überreichlich zu geben, damit ihr in allem allezeit alle Genüge habt und überreich seid zu jedem guten Werk.

2. KORINTHER 9,7–8 ELB

Ein Wort der Ermutigung an mich

Ich würde dir gern eine Wahrheit über Gottes Versorgung mitteilen, von der ich glaube, dass sie dich reich segnen wird: Je mehr du weggibst, desto mehr von Gottes Versorgung wird in deinem Leben fließen.

Gott möchte, dass wir wie der Jordanfluss sind – voller Leben, weil das Wasser dort unaufhörlich fließt. Stelle das dem Toten Meer gegenüber, in welches das Wasser nur hinein, aber nicht wieder herausfließt. Als Ergebnis stagniert alles und es ist kein Leben darin.

Halte aus diesem Grund auch nicht zu sehr an deinen Finanzen fest. Nutze dein Geld stattdessen, um Menschen zu lieben und ein Segenskanal zu sein! Gib dem Herrn deinen Zehnten und deine Spenden mit Freude und halte nach jeder Gelegenheit Ausschau, andere zu segnen. Der Herr liebt einen fröhlichen Geber und er wird dich derart mit Segnungen überschütten, dass du nicht genug Platz haben wirst, um sie alle zu empfangen!

Das spreche ich im Glauben aus

Ich bin mit mehr als genug gesegnet, damit ich andere segnen kann.

Ich glaube, dass Gott mich als Segenskanal für andere gebrauchen wird, damit sie durch mein großzügiges Geben die Liebe Gottes auf spürbare und lebensnahe Weise erfahren können.

Persönliche Reflexion

Denke über die heutigen Bibelstellen nach. Erkenne, dass du gesegnet bist, um ein Segen zu sein, und dass Gott einen fröhlichen Geber liebt.

Wenn du andere großzügig segnest, mach dich darauf gefasst, von Gott gesegnet und mit Gutem überschüttet zu werden, sodass du jedes gute Werk tun kannst (siehe 2Kor 9,8).

ZUSAGE 22

MEIN PAPA-GOTT LIEBT MICH!

Gottes Zusagen an mich

Denn ihr habt nicht einen Geist der Knechtschaft empfangen, dass ihr euch wiederum fürchten müsstet, sondern ihr habt den Geist der Sohnschaft empfangen, in dem wir rufen: Abba, Vater!

RÖMER 8,15

Und ich will euch ein Vater sein, und ihr sollt mir Söhne und Töchter sein, spricht der Herr, der Allmächtige.

2. KORINTHER 6,18

Christus kam ja zu einer Zeit, als wir der Sünde noch hilflos ausgeliefert waren, und er starb für uns, die wir ohne Gott lebten.

RÖMER 5,6 NLB

Ein Wort der Ermutigung an mich

Als ich zum ersten Mal Vater wurde, war ich erstaunt über die tiefe und starke Liebe, die ich für meine neugeborene Tochter empfand. Ich bin mir sicher, dass es dir genauso erging. Du hast wahrscheinlich alles in deiner Macht Stehende getan, damit es deinem Baby gut ging und es fröhlich war. Und was hat dein Baby getan, um all diese Liebe und Aufmerksamkeit zu verdienen? Rein gar nichts!

Dein Baby hat eine derartige Liebe einfach nur deswegen bekommen, weil es zu dir gehört. Anhand dessen kannst du einen kleinen Einblick in die bedingungslose Liebe deines Abba-Vaters zu dir bekommen, seinem geliebten Kind. Wie ein hilfloses Baby konntest du nichts tun, um dir seine Liebe zu verdienen, aber er liebte dich trotzdem und gab seinen kostbaren und geliebten Sohn Jesus auf, um dich von der Sünde zu erlösen und dir überfließendes Leben zu schenken.

Liebe Freundin, dein dich liebender Papa-Gott wünscht sich eine innige Beziehung mit dir. Nähre dich von seiner vollkommenen Liebe zu dir, die keine Grenzen kennt, und ruhe in ihr sicher geborgen!

Das spreche ich im Glauben aus

Ich sonne mich in der unerschütterlichen und grenzenlosen Liebe meines Abba-Vaters zu mir und freue mich an ihr. Er liebt mich, obwohl ich nichts getan habe, um seine Liebe zu verdienen.

Ich bin sein geliebtes Kind durch Christus und ich ruhe sicher geborgen in seiner Liebe. Ich weiß, dass mein Papa-Gott, weil er mich liebt, bei mir ist, um mich durch jeden Sturm des Lebens hindurchzutragen.

Persönliche Reflexion

Deine Liebe zu deinen Kindern spiegelt nur einen Bruchteil der überwältigenden und vollkommenen Liebe wieder, die Papa-Gott für dich empfindet. Immer wenn du deine Kinder umarmst, stell dir vor, wie Papa-Gott auch dich in seine starken und liebevollen Arme nimmt!

ZUSAGE 23

PAPA-GOTT HAT FREUDE DARAN, MIR GUTES ZU SCHENKEN

Gottes Zusagen an mich

»Wenn also ihr, die ihr doch böse seid, das nötige Verständnis habt, um euren Kindern gute Dinge zu geben, wie viel mehr wird dann euer Vater im Himmel denen Gutes geben, die ihn darum bitten.«

MATTHÄUS 7,11 NGÜ

Gott hat nicht einmal seinen eigenen Sohn verschont, sondern hat ihn für uns alle gegeben. Und wenn Gott uns Christus gab, wird er uns mit ihm dann nicht auch alles andere schenken?

RÖMER 8,32 NLB

Ein Wort der Ermutigung an mich

Ist dir schon aufgefallen, dass dir als Mutter (oder Vater) nichts größere Freude bereitet, als deine Kinder fröhlich zu sehen? In deinem Herzen ist der tiefe Wunsch, für alle ihre Bedürfnisse zu sorgen und ihnen das Allerbeste zu geben. Du willst, dass sie unbekümmert sind, das Leben genießen und es ihnen an nichts fehlt.

Stell dir vor, du bist in einem Einkaufszentrum und siehst etwas Gutes, von dem du weißt, dass dein Kind es einfach toll finden wird. Du kaufst es voller Begeisterung, weil du dir vorstellst, wie die Augen deines Kindes vor Freude aufleuchten werden, wenn es das Geschenk bekommt.

So will auch unser liebender himmlischer Vater das Beste für uns. Er hat ein ganzes Lagerhaus der Segnungen im Himmel – Segnungen der Heilung und der göttlichen Gesundheit, der praktischen Versorgung, des Schutzes, der Gunst und der Weisheit –, die dir, seinem geliebten Kind, zukommen sollen. Er hat den Wunsch, dir seine besten Geschenke zu geben, und sein Herz ist froh, wenn du sie mit Freude und Dankbarkeit annimmst!

Das spreche ich im Glauben aus

Mein Papa-Gott liebt mich auf vollkommene Weise und hat den Wunsch, mich zu segnen.

Er ist ein großzügiger Vater, der alle meine Bedürfnisse stillt und große Freude daran hat, mir Gutes zu schenken!

Persönliche Reflexion

Inwiefern verändert das Wissen, dass dein Papa-Gott dich liebt und dich segnen will, die Art und Weise, wie du mit deinen oder den Bedürfnissen deiner Familie zu ihm kommst? Erzähl ihm furchtlos und vertrauensvoll davon, was du heute brauchst.

ZUSAGE 24

GOTT KANN MEIN VERSAGEN IN GUTES VERWANDELN

Gottes Zusagen an mich

Wo aber das Maß der Sünde voll geworden ist,
da ist die Gnade überströmend geworden.

RÖMER 5,20

Denn die Sünde wird nicht mehr Herr über euch sein, weil ihr nicht [als Sklaven] unter dem Gesetz seid, sondern unter der [unverdienten] Gnade [als Empfänger von Gottes Gunst und Barmherzigkeit].

RÖMER 6,14 AMP

Wir wissen aber, dass denen, die Gott lieben,
alle Dinge zum Besten dienen,
denen, die nach dem Vorsatz berufen sind.

RÖMER 8,28

Ein Wort der Ermutigung an mich

Gibt es Zeiten, in denen dich Gefühle der Reue über bestimmte Konsequenzen oder Misserfolge aus deiner Vergangenheit zu ersticken scheinen? Dann darfst du Mut schöpfen aus dem, was die Bibel uns sagt: Dort, wo Sünde bzw. Zielverfehlung ist, wirst du im selben Bereich die Gnade Gottes als überströmend erleben – sie verwandelt diese Bereiche in Beispiele seiner Güte!

Das Matthäusevangelium beginnt mit dem Stammbaum Jesu. Aufgelistet werden vier Frauen mit fragwürdigem Hintergrund: Tamar, die ihren Schwiegervater täuschte, damit er mit ihr schliefe; Rahab, eine nichtjüdische Prostituierte in Jericho; Rut, die als Moabiterin eine Außenseiterin war; und Batseba, die mit David Ehebruch beging. Und doch hatten diese Frauen am Ende die Ehre, zu Jesu Vorfahren zu gehören.

Was sagt Gott uns durch die Geschichte dieser Frauen? Obwohl Gott gegen Sünde ist, weil sie uns zerstört, sagt er uns, dass unsere Vergangenheit nicht unsere Zukunft bestimmen muss. Wenn du dich auf seine Gnade verlässt, gibt sie dir nicht nur Macht und Sieg über Sünde – seine Gnade wird diesen Fehler oder dieses Versagen zudem in ein Zeugnis seiner Herrlichkeit verwandeln.

Das spreche ich im Glauben aus

Ich entscheide mich, die Reue und die Schuldgefühle über meine vergangenen Fehler loszulassen, und vertraue darauf, dass die Gnade überströmt und Gott Wiederherstellung und Sieg in diese Bereiche bringt.

Persönliche Reflexion

Wenn Gott »unpassende« Frauen gebrauchen konnte, um sein größtes Geschenk an die Menschheit hervorzubringen – Jesus –, dann kann er mit Sicherheit auch dein Leben gebrauchen, um seine wunderbaren Absichten zu erfüllen. Bitte ihn, seine Gnade in jeden Bereich der Niederlage oder des Misserfolgs fließen zu lassen und diese Umstände in ein Zeugnis seiner Gnade zu verwandeln.

ZUSAGE 25

JESUS IST MIT MIR UND ICH BIN EINE ERFOLGREICHE FRAU

Gottes Zusagen an mich

Der Herr half Josef und ließ ihm alles gelingen, während er im Haus seines ägyptischen Herrn arbeitete. Potifar bemerkte, dass der Herr mit Josef war und ihm in allem, was er unternahm, Erfolg schenkte. Deshalb fand er seine Gunst und wurde Potifars persönlicher Diener. Schon bald übertrug Potifar Josef die Aufsicht über sein Haus und die Verwaltung seines gesamten Besitzes. Von jenem Tag an segnete der Herr Potifar um Josefs willen. Alle Arbeiten im Haus gelangen, die Ernte fiel gut aus und sein Viehbestand vergrößerte sich ständig.

1. MOSE 39,2–5 NLB

»Siehe, die Jungfrau wird schwanger werden und einen Sohn gebären; und man wird ihm den Namen Immanuel geben«, das heißt übersetzt: »Gott mit uns«.

MATTHÄUS 1,23

Ein Wort der Ermutigung an mich

Als Josef in Ägypten als Sklave an Potifar verkauft wurde, besaß er nichts, noch nicht einmal Kleidung. Und doch sagt Gottes Wort, dass er ein erfolgreicher Mensch war!

Weißt du, Josef war sich bewusst, dass der Herr immer mit ihm war und ihm Gunst schenkte. Er verließ sich ganz auf den Herrn und das brachte Gottes Gunst, Kraft und Herrlichkeit in sein Leben. Und der Herr ließ alles, was in Josefs Hand war, gelingen, so sehr sogar, dass Potifar ihm die Aufsicht über sein Haus übertrug!

Liebe Freundin, würdest du gern übernatürlichen Erfolg erfahren – in deiner Ehe, deinen Finanzen oder mit deinen Kindern? Dann lerne wie Josef, dich auf Jesus und seine unverdiente Gunst zu verlassen. Lebe in dem Bewusstsein, dass seine Gegenwart mit dir und seine Gunst auf dir sind. Dadurch setzt du Gottes Kraft auf deinem Leben frei und er wird dir bei allen deinen Unternehmungen guten Erfolg schenken!

Das spreche ich im Glauben aus

Mein Herr Jesus ist immer mit mir und ich bin eine erfolgreiche Frau.

Er schenkt mir Gunst und Segnungen in allen Bereichen meines Lebens und lässt alles, was ich tue, gelingen.

Persönliche Reflexion

Nimm dir heute etwas Zeit, um dir bewusst zu werden, dass Gott mit dir ist und dir im Umgang mit deiner Familie und an deinem Arbeitsplatz Gunst schenkt. Bitte ihn ohne Scheu, dir in all deinen täglichen Aufgaben Gelingen zu schenken.

ZUSAGE 26

ICH HABE WEISHEIT UND GUNST BEI DER KINDERERZIEHUNG

Gottes Zusagen an mich

Wenn es aber jemand unter euch an Weisheit mangelt, so erbitte er sie von Gott, der allen gern und ohne Vorwurf gibt, so wird sie ihm gegeben werden.

JAKOBUS 1,5

Ihren Mund öffnet sie mit Weisheit,
und freundliche Unterweisung ist auf ihrer Zunge.

SPRÜCHE 31,26

Ein Wort der Ermutigung an mich

Alle Mütter haben den Wunsch, ihre Kinder gut zu erziehen, und manchmal kann das wie eine schwere Verantwortung erscheinen. Dankenswerterweise liegt die Last, es richtig zu machen, nicht allein auf deinen Schultern. In Christus hast du einen Partner! Bitte den Herrn mutig um Weisheit, Gnade und Gunst bei der täglichen Kindererziehung – er wird sie dir schenken.

Wenn du ihm die Erziehung deiner Kinder anvertraust, verspricht sein Wort, wird in jeder Lebenslage Weisheit aus deinem Mund kommen. Er wird dich darin anleiten, bestätigende Worte auszusprechen, die deine Kinder aufbauen, wenn sie es am meisten brauchen. Weil Gott dir geistliche Autorität über sie gegeben hat, wird er dir auch Gunst bei ihnen schenken. Wenn du seiner Leitung folgst, wirst du erleben, dass deine Kinder deine Anerkennung zu schätzen wissen und deinen Worten mehr Bedeutung beimessen als den Stimmen der Welt mit ihren schädlichen Einflüssen.

Das spreche ich im Glauben aus

Ich habe bei der täglichen Unterweisung und Erziehung meiner Kinder die Weisheit, Gnade und Geduld des Herrn.

Er leitet mich darin an, wie ich meine Kinder korrigieren kann, sodass sie fröhlich, weise und christuszentriert aufwachsen.

Ich habe Gunst bei meinen Kindern und meine Worte sind für sie von Gewicht und prägend. Meine Beziehung zu ihnen ist von der Liebe und dem Frieden des Herrn bestimmt.

Persönliche Reflexion

Erlebe, wie Jesus deine Kinder durch deine Worte und Taten liebt, wenn du deine Beziehung zu ihnen in seine Hände legst. Danke ihm, dass er dich mit all der Geduld, Liebe und Weisheit ausrüstet, die du für die täglichen Herausforderungen in der Kindererziehung brauchst.

ZUSAGE 27

ICH HABE DIE MACHT, MEINE KINDER ZU SEGNEN

Gottes Zusagen an mich

Und vergeltet nicht Böses mit Bösem oder Scheltwort mit Scheltwort, sondern im Gegenteil segnet, weil ihr dazu berufen worden seid, dass ihr Segen erbt! »Denn wer das Leben lieben und gute Tage sehen will, der halte Zunge und Lippen vom Bösen zurück, dass sie nicht Trug reden …«

1. PETRUS 3,9–10 ELB

Tod und Leben stehen in der Macht der Zunge; wer sie liebt, genießt ihre Frucht.

SPRÜCHE 18,21 EÜ

Ein Wort der Ermutigung an mich

Liebe Freundin, hast du den Wunsch, deine Kinder gesegnet zu sehen? Du hast die Macht, sie zu segnen – mit deinen Worten!

Das ursprüngliche griechische Wort für »segnen« in 1. Petrus 3,9 ist *eulogeo*, was »gut reden von« bedeutet. Mit anderen Worten: Wenn du gut von jemandem redest, dann segnest du diese Person!

Wenn sich deine Kinder schlecht benehmen und du merkst, dass dir gleich der Geduldsfaden reißt, bitte den Herrn, dir dabei zu helfen, deine Emotionen wieder unter Kontrolle zu bringen. Sprich das falsche Verhalten auf jeden Fall an, aber vergiss dabei nicht, deinen Kindern mit deinen Worten auch Bestätigung zu geben. Sag ihnen, dass du sie liebst, dass sie ein »Jesus-Junge« bzw. ein »Jesus-Mädchen« sind und dass sie von Papa-Gott geliebt und kostbar für ihn sind. Erinnere sie oft daran, dass sie Helden und ein Segen sind.

Wie das Wort sagt, stehen Tod und Leben in der Macht der Zunge. Nutze deine Zunge weise, um über deine Kinder Segnungen auszusprechen, dann werden du und deine Kinder das Leben lieben und gute Tage sehen!

Das spreche ich im Glauben aus

Ich habe die Macht, meine Kinder zu segnen, indem ich glaubensvolle und segnende Worte über sie ausspreche.

Mit Gottes Hilfe werde ich im Umgang mit meinen Kindern lebensspendende Worte gebrauchen, damit wir gute Tage sehen!

Persönliche Reflexion

Ordne dem Herrn vertrauensvoll die Art und Weise unter, wie du mit deinen Kindern und über deine Kinder sprichst. Bitte ihn, dir zu helfen, glaubensvolle und positive Worte zu gebrauchen, die sie segnen und stärken.

ZUSAGE 28

JESU RETTUNG KOMMT NIE ZU SPÄT

Gottes Zusagen an mich

Jesus aber sah sie an und sprach zu ihnen:
Bei den Menschen ist dies unmöglich;
aber bei Gott sind alle Dinge möglich.

MATTHÄUS 19,26 SLT

Ich bin das Alpha und das Omega, spricht der Herr, Gott, der ist und der war und der kommt, der Allmächtige.

OFFENBARUNG 1,8 ELB

Ein Wort der Ermutigung an mich

Kämpfst du mit einer Situation, die hoffnungslos erscheint? Vielleicht hast du das Gefühl, es sei zu spät, überhaupt noch auf eine Wende zu hoffen. Doch Gott sei gelobt, denn Jesu Rettung kommt nie zu spät!

Jairus' Tochter starb, als Jesus auf dem Weg zu ihr war, um sie zu heilen. Lazarus war schon vier Tage lang tot und begraben, bevor Jesus eintraf. Rein menschlich betrachtet sah es nach *Game over* aus. Doch als Jesus auf den Plan trat, weckte er sowohl Jairus' Tochter als auch Lazarus von den Toten auf.

Weißt du, Jesus ist nicht an Umstände oder Zeit gebunden. Er hat die Macht, das zu tun, was Menschen für unmöglich halten. In welcher Lage du auch bist, glaube, dass Jesus die Dinge nicht nur zum Guten für dich wenden kann, sondern es vor allem auch *will*. Es ist noch nicht vorbei! Bitte ihn, das Ruder zu übernehmen, ruhe in seinem vollbrachten Werk, durch das du Anspruch auf jegliche Segnung hast, und erlebe, wie Sieg und Leben in deine Situation hineinfließen.

Das spreche ich im Glauben aus

Es gibt keine Situation, die für Jesu Rettung zu hoffnungslos oder zu weit fortgeschritten wäre.

Jesus kommt immer zur rechten Zeit und kann jede schlimme Lage für meine Familie und mich zum Guten wenden.

Persönliche Reflexion

Gibt es Probleme oder Situationen, bei denen du aufgegeben hast, weil du denkst, es gebe keine Hoffnung? Übergib sie Jesus und erlebe, wie er »die Toten aufweckt« und die Situation zum Guten wendet!

ZUSAGE 29

GOTT IST MEIN »ICH BIN«

Gottes Zusagen an mich

Gott sprach zu Mose: »Ich bin, der ich bin!« Und er sprach: So sollst du zu den Kindern Israels sagen: »Ich bin«, der hat mich zu euch gesandt.

2. MOSE 3,14

Jesus erwiderte: »Amen, ich versichere euch: Ich bin bevor Abraham überhaupt geboren wurde.«

JOHANNES 8,58 GNB

Ein Wort der Ermutigung an mich

Die Bibel gebraucht viele Namen, um sich auf Gott zu beziehen. Einer dieser Namen, der uns viel Trost und Hoffnung spendet, ist »ICH BIN«.

Warum sage ich das? Indem Gott sich selbst »ICH BIN« nennt, will er dich wissen lassen, dass er *genau jetzt* die Antwort auf dein Bedürfnis, Problem oder Anliegen ist. Wenn du Heilung brauchst, sagt er dir: »ICH BIN deine Heilung.« Wenn du Weisheit brauchst, sagt er dir: »Ich bin deine Weisheit.«

Was auch immer deine Not oder Schwierigkeit sein mag: Gott sagt, dass er selbst deine Lösung ist! Liebe Freundin, indem er erklärt, dass er dein ICH BIN ist, hat dein liebender Papa-Gott dir einen Blankoscheck ausgestellt, den Jesus mit seinem eigenen Blut unterschrieben hat. Weil das Opfer seines Sohnes dir jede Segnung erkauft hat, sagt Gott zu dir: »ICH BIN für dich jeweils das, was du von mir brauchst.« Komm heute mutig zum großen »ICH BIN« und nimm alles entgegen, was du brauchst!

Das spreche ich im Glauben aus

Gott ist mein »ICH BIN«.
Er ist für mich all das, was ich in jeder beliebigen Situation brauche.

Gott erklärt mir: »ICH BIN deine Heilung. ICH BIN deine Versorgung. ICH BIN dein guter Erfolg, deine Weisheit, dein Schalom, deine Freude und dein Schutz.«
Und dazu sage ich: »Amen!«

Persönliche Reflexion

Worum wirst du Gott heute bitten, da du weißt, dass er dir erklärt hat, dass er in allem, was du brauchst, dein »ICH BIN« ist?

ZUSAGE 30

SEINE GNADE IST ALLES, WAS ICH BRAUCHE

Gottes Zusagen an mich

Er ist vor allen Dingen,
und in ihm wird alles zusammengehalten.

KOLOSSER 1,17 NIV

Doch der Herr hat zu mir gesagt: »Meine Gnade ist alles, was du brauchst, denn meine Kraft kommt gerade in der Schwachheit zur vollen Auswirkung.« Daher will ich nun mit größter Freude und mehr als alles andere meine Schwachheiten rühmen, weil dann die Kraft von Christus in mir wohnt.

2. KORINTHER 12,9 NGÜ

Fürchte dich nicht, denn ich bin bei dir! Hab keine Angst, denn ich bin dein Gott! Ich mache dich stark, ja, ich stehe dir bei! Ja, ich halte dich mit der rechten Hand meiner Gerechtigkeit!

JESAJA 41,10 ZÜB

Ein Wort der Ermutigung an mich

Ich finde es sehr interessant, dass beim ersten Wunder, das Jesus vollbrachte, niemand geheilt oder gerettet wurde. Bei seinem ersten Wunder verwandelte er während einer Hochzeit Wasser in Wein (siehe Joh 2,1–10).

Ich glaube, der Herr wusste, dass nach einer gewissen Zeit – wenn Babys da sind, Windeln gewechselt, hungrige Mäuler gestopft und im Job Vorgesetzte zufriedengestellt werden müssen –, unseren Ehen der Wein fehlen würde.

Aus diesem Grund braucht jede Ehe eine dritte Person. Ihr Name ist Jesus. Wenn du ihn dazu einlädst, im Zentrum eurer Ehe zu stehen, wird er eure Ehe zusammenhalten. Er wird das, was zu fadem Wasser geworden ist, in berauschenden Wein verwandeln.

Und wenn du alleinerziehende Mutter bist, will Gott dich wissen lassen, dass du nicht allein bist. Er ist bei dir – jederzeit – und er wird alle einsame Leere mit seiner liebevollen Gegenwart ausfüllen. Beziehe Jesus in jeden Bereich, in dem dir etwas fehlt, mit ein und erfahre, wie er seine Güte und Barmherzigkeit in deinem Leben zunehmen lässt. Wenn du dich auf seine Liebe stützt, wirst du erleben, dass seine Gnade alles ist, was du brauchst.

Das spreche ich im Glauben aus

Ich entscheide mich, Jesus ins Zentrum meines Familienlebens zu stellen. Er hält alles zusammen und erfüllt jeden Bereich, der mir wichtig ist, mit seiner Stärke.

Für jedes Bedürfnis ist seine Gnade alles, was ich brauche.

Persönliche Reflexion

Unser Herr Jesus will im Zentrum deiner Ehe und deines Familienlebens stehen, weil nur er allein diese Bereiche stark und erfolgreich machen kann. Nimm dir etwas Zeit, um über seine überfließende Gnade – die für jedes Bedürfnis immer alles ist, was du brauchst –, nachzudenken und sie für dich anzunehmen.

ZUSAGE 31

HEILUNG GEHÖRT MIR

Gottes Zusagen an mich

[Jesus sah] eine Frau, die durch einen bösen Geist verkrüppelt war. Seit achtzehn Jahren war sie verkrümmt und konnte nicht gerade stehen. Als Jesus sie sah, rief er sie zu sich und sagte: »Frau, du bist von deiner Krankheit erlöst!« Dann berührte er sie, und sofort konnte sie sich aufrichten. Da lobte sie Gott und dankte ihm!

LUKAS 13,11–13 NLB

Er selbst hat unsere Sünden getragen am eigenen Leib ans Holz hinauf, damit wir den Sünden absterben und der Gerechtigkeit leben; durch seine Striemen wurdet ihr geheilt.

1. PETRUS 2,24 ZÜB

Ein Wort der Ermutigung an mich

Lebst du schon so lange mit einer chronischen Erkrankung – wie zum Beispiel anhaltenden Rückenschmerzen, einer Allergie oder Hautausschlag –, dass du sie als Teil deines Lebens akzeptiert hast?

Liebe Freundin, Jesus hat den Wunsch, dich zu heilen! Er heilte die Frau, die seit achtzehn Jahren verkrümmt war, selbst als sie nicht daran dachte, darum zu bitten. Als Jesus sie sah, liebte er sie und wollte, dass sie das Leben in ganzer Fülle genießen konnte. Er möchte dich heute das Gleiche erleben lassen!

Im Laufe der Jahre habe ich viele Zeugnisse von Menschen erhalten, die von chronischen Erkrankungen geheilt wurden. Sie hörten einfach immer wieder von Jesu vollbrachtem Werk am Kreuz und ruhten darin – darin, wie er in seinem eigenen Körper nicht nur ihre Sünden, sondern auch jede Krankheit getragen hat, einschließlich schwerwiegender chronischer Erkrankungen, damit sie (und wir) seine Heilung und Gesundheit erfahren könnten.

Liebe Freundin, wenn du versucht bist zu denken, du hättest keine andere Wahl, als mit deiner Erkrankung zu leben, dann erinnere dich daran, dass Jesus am Kreuz den vollen Preis bezahlt hat, um dir göttliche Heilung zu schenken. Nimm deine Heilung im Namen Jesu für dich in Anspruch!

Das spreche ich im Glauben aus

Jesus will, dass ich vollständig heil, gesund und wohlauf bin.

Ich muss nicht länger mit irgendeiner chronischen Krankheit leben, denn durch seine Striemen bin ich geheilt!

Persönliche Reflexion

Für Jesus ist keine Erkrankung zu unbedeutend. Er will jedes Leiden und Gebrechen heilen, selbst solche, mit denen du schon lange lebst. Wie würde dein Leben aussehen, wenn du von den Symptomen, die dich heute zurückhalten, frei wärst? Während du deine Heilung ergreifst, beginne dich so zu sehen, als wärst du bereits von ihnen befreit!

ZUSAGE 32

ICH KANN MEINE SORGEN BEI GOTT ABLEGEN UND SORGENFREI SEIN

Gottes Zusagen an mich

Sorgt euch um nichts; sondern in allem lasst durch Gebet und Flehen mit Danksagung eure Anliegen vor Gott kundwerden. Und der Friede Gottes, der allen Verstand übersteigt, wird eure Herzen und eure Gedanken bewahren in Christus Jesus!

PHILIPPER 4,6–7

Frieden hinterlasse ich euch, meinen Frieden gebe ich euch; nicht, wie die Welt ihn gibt, gebe ich ihn euch. Euer Herz beunruhige sich nicht und verzage nicht.

JOHANNES 14,27 EÜ

Ein Wort der Ermutigung an mich

Als meine Tochter Jessica geboren wurde, fing ich an, mir viele Sorgen um ihr Wohlergehen zu machen. Eines Tages sagte der Herr zu mir: »Sohn, weißt du, wie sehr ich dich liebe? Ich liebe dich so sehr, dass ich dich dein Leben genießen sehen möchte und nicht will, dass du eine Sorgenlast mit dir herumträgst. Am meisten aber wünsche ich mir, dass du meine Liebe genießt.«

Damals brachte er mir bei, wie ich mein Herz sorgenfrei halten kann. »Immer wenn dein Herz beunruhigt ist«, sagte er mir, »nimm diese Sorge und lege sie einfach in meine Hände. Wenn sie in *meinen* Händen ist, werde ich mich darum sorgen.«

Liebe Freundin, dein Abba-Vater hat den Wunsch, dass du, seine kostbare Tochter, sorgenfrei bist und die Fülle des Lebens genießt, das er dir geschenkt hat. Lege alle deine Ängste und Befürchtungen bei ihm ab, in der Gewissheit, dass er sich um alles, was dich beunruhigt, kümmert. Und dann freue dich einfach an seiner vollkommenen Liebe zu dir!

Das spreche ich im Glauben aus

Ich werde alle meine Sorgen, Befürchtungen und Ängste bei dem Herrn ablegen, weil er mich liebt und sich wünscht, dass ich sorgenfrei und fröhlich lebe.

Anstatt mir Sorgen zu machen, entscheide ich mich, in seiner vollkommenen Liebe zu mir zu ruhen, weil ich weiß, dass er sich an meiner Stelle um die Sorgen kümmern wird, die ich ihm übergeben habe.

Persönliche Reflexion

Wenn du dir heute um etwas Sorgen machst, nimm dir Zeit, um dich selbst als kostbare Tochter deines Papa-Gottes zu sehen. Er liebt dich sehr und sein Herz freut sich, wenn du auf seine Güte vertraust und alle deine Sorgen bei ihm ablegst.

ZUSAGE 33

JESUS HILFT MIR, MIT GNADE ZUZUHÖREN

Gottes Zusagen an mich

Wir haben ja nicht einen Hohepriester, der nicht mitfühlen könnte mit unseren Schwächen, sondern einen, der in allem wie wir versucht worden ist, aber nicht gesündigt hat.

HEBRÄER 4,15 EÜ

Ihr wisst es doch, meine geliebten Brüder und Schwestern: Jeder Mensch soll schnell sein im Hinhören, langsam aber im Reden und erst recht langsam, wenn er zornig ist.

JAKOBUS 1,19 ZÜB

Ein Wort der Ermutigung an mich

Immer wenn meine Tochter Jessica mir früher von etwas erzählte, das sie ärgerte, war ich schnell dabei, ihr Lösungen zu bieten und ihr zu sagen, was oder was nicht sie fühlen/tun/sagen sollte. Meine Ratschläge gab ich ihr zwar aus Liebe, dennoch waren sie nicht das, was sie brauchte. Das ist nun schon viele Jahre her und ich danke dem Herrn, dass er mir seitdem beigebracht hat, wie ich mit Gnade zuhören kann.

Wenn unsere Kinder aufgebracht sind, haben sie das Bedürfnis, dass wir ihnen mit Liebe und ohne Verurteilung zuhören. Sie müssen wissen, dass wir ihre Gefühle wichtig nehmen. Sie fühlen sich angenommen, wenn wir das, was sie fühlen, ernst nehmen. Und wenn wir uns so verhalten, fassen sie oft von allein einen Entschluss, der dem entspricht, was wir ihnen gern vorgeschlagen hätten.

Mächstes Mal, wenn deine Kinder über etwas unglücklich sind, bitte den Herrn, dir dabei zu helfen, ihnen mit Gnade zuzuhören, ihre Gefühle anzuerkennen und sie zu trösten. Beziehst du Jesus ein, den Einen, der sich mit unseren Höhen und Tiefen identifiziert und sie nachempfinden kann, wird er dir helfen, mit Gnade zuzuhören und mit Liebe und Mitgefühl auf deine Kinder einzugehen. Jesus ist der maßgebliche »Inhaltsstoff« für eine gute Bindung zu deinen Kindern.

Das spreche ich im Glauben aus

Jesus hilft mir, meinen Kindern mit Gnade zuzuhören, wenn sie sich ärgern.

Er wird mich darin anleiten, mit Liebe und Mitgefühl auf meine Kinder einzugehen und ihnen emotionale Unterstützung und Trost zu geben.

Persönliche Reflexion

Jesus ist der beste Erziehungscoach, den du je haben könntest. Bitte ihn, dir beizubringen, wie du mit Gnade zuhören kannst, und lass dir von ihm die Momente zeigen, in denen deine Kinder dein Mitgefühl brauchen.

ZUSAGE 34

JESUS GIBT MIR DOPPELTE ENTSCHÄDIGUNG FÜR MEINEN SCHADEN

Gottes Zusagen an mich

Kehrt zur Festung zurück, ihr auf Hoffnung Gefangenen! Auch heute verkündige ich: Doppeltes erstatte ich dir.

SACHARJA 9,12 ELB

Sagt in allem Dank! Denn dies ist der Wille Gottes in Christus Jesus für euch.

1. THESSALONICHER 5,18 ELB

Ein Wort der Ermutigung an mich

Hast du eine herbe Enttäuschung oder einen großen Verlust erlebt und dich vielleicht gefragt, warum Gott das zugelassen hat?

Liebe Freundin, ich möchte dich wissen lassen, dass die Schwierigkeiten in deinem Leben nicht von Gott kommen. Durch Jesu vollbrachtes Werk am Kreuz bist du von jedem Fluch erlöst und darfst vertrauensvoll erwarten, von deinem Abba-Vater ausschließlich Segnungen zu erhalten. Hinter den Schwierigkeiten in deinem Leben steckt unser Feind, der Teufel – der umherschleicht, um zu rauben, zu morden und zu zerstören. Und doch kannst du dich freuen, weil Jesus den Teufel bereits besiegt hat und sich darum kümmern wird, dass du für deinen Schaden doppelt entschädigt wirst, wie er es in seinem Wort verspricht. Du wirst am Ende mehr haben, als du vorher hattest – sei es in Quantität oder Qualität!

Halte also inmitten deiner Notlage an Gottes Zusagen fest, danke ihm für seine Treue und unerschöpfliche Liebe, und freue dich darauf, für deinen Schaden doppelt entschädigt zu werden!

Das spreche ich im Glauben aus

Egal, welche Herausforderungen und Enttäuschungen ich heute durchlebe: Ich weiß, dass nicht Jesus hinter meinen Schwierigkeiten oder meinem Verlust steckt.

Jesus ist mein Wiederhersteller. Er wird mir für meinen Schaden Doppeltes erstatten!

Persönliche Reflexion

Verändert das Wissen, dass du in Christus auf Siegesgrund stehst, deine Sicht auf deine Schwierigkeiten? Entscheide dich, den Herrn in jeder Lebenslage zu loben, denn er hat den Teufel schon besiegt und stellt sicher, dass seine Entschädigung dich erreicht!

ZUSAGE 35

JESUS IST DER AUSWEG AUS JEDEM KREISLAUF DER NIEDERLAGE

Gottes Zusagen an mich

*Denn die Sünde wird nicht herrschen über euch,
weil ihr nicht unter dem Gesetz seid,
sondern unter der Gnade.*

RÖMER 6,14

Er musste aber durch Samaria reisen. Da kommt er in eine Stadt Samarias, genannt Sichar … Da kommt eine Frau aus Samaria, um Wasser zu schöpfen. Jesus spricht zu ihr: Gib mir zu trinken!

JOHANNES 4,4–5.7

Ein Wort der Ermutigung an mich

Manche Menschen plagen sich mit der Vorstellung herum, dass Gott von uns erwartet, dass wir unser Leben in Ordnung bringen, bevor er uns annimmt oder uns hilft. Aus diesem Grund kommen sie nie zu ihm, um die Hilfe zu bekommen, die sie brauchen.

Die Geschichte der Samariterin soll dich ermutigen. Gottes Wort sagt, dass Jesus »durch Samaria reisen musste«, um einer Frau zu dienen, die in der glühenden Mittagshitze Wasser aus einem Brunnen schöpfte, nur um dem Getratschte der Stadtbewohner über sie aus dem zu Weg zu gehen.

Jesus zeigte ihr auf taktvolle Weise, dass er alles über ihren Lebensstil wusste – er wollte sie nicht beschämen, sondern sie wissen lassen, dass er sie trotz allem, was sie getan hatte, liebte. Anstatt von ihr perfektes Verhalten zu verlangen, bot er sich ihr als das lebendige Wasser an, in dem sie die benötigte Vergebung fände. Und als sie der Gnade in Person begegnete, fand sie die Kraft, von ihrer Einsamkeit und Ichbezogenheit frei zu werden und zunehmend gute Entscheidungen für ihr Leben zu treffen.

Liebe Freundin, das ist der Schlüssel, der dich die Herausforderungen in deinem Leben überwinden lässt. Richte deinen Blick auf Jesus, auf seine Liebe und seine Vergebung, und beginne, siegreich zu leben!

Das spreche ich im Glauben aus

Der Herr Jesus liebt mich trotz meines unvollkommenen Verhaltens.

Ich entscheide mich dafür, meinen Blick auf seine Liebe und Vergebung für mich zu richten, und ich vertraue darauf, dass seine Gnade in meinem Leben gute Frucht und übernatürliche Verwandlung hervorbringen wird!

Persönliche Reflexion

Jesus liebt dich und nimmt dich so an, wie du bist. Empfange zuerst seine Liebe und Vergebung, und er wird dich mit der Gnade und Kraft versorgen, die dein Leben wieder auf Kurs bringen.

ZUSAGE 36

ICH SITZE MIT CHRISTUS IN DER HIMMELSWELT

Gottes Zusagen an mich

Die hat er in Christus wirksam werden lassen, indem er ihn aus den Toten auferweckt und zu seiner Rechten in der Himmelswelt gesetzt hat, hoch über jede Gewalt und Macht und Kraft und Herrschaft und jeden Namen, der nicht nur in diesem Zeitalter, sondern auch in dem zukünftigen genannt werden wird.

EPHESER 1,20–21 ELB

Er hat uns mitauferweckt und mitsitzen lassen in der Himmelswelt in Christus Jesus.

EPHESER 2,6 ELB

Ein Wort der Ermutigung an mich

Beunruhigt dich heute etwas? Liebe Freundin, Jesus möchte dich wissen lassen, dass er durch sein vollkommenes Werk am Kreuz jede Gewalt und Macht dieser Welt, die dich und deine Lieben verletzen könnten, bereits besiegt hat.

Die Bibel sagt uns außerdem, dass Gott uns in den himmlischen Welten in Christus Jesus hat mitsitzen lassen! Sitzen bedeutet, in seinem vollbrachten Werk zu ruhen, weil du weißt, dass keine Krankheit, keine Katastrophe oder irgendein anderes Unheil dir und deiner Familie nahekommen kann.

Der Feind weiß, dass er nicht erfolgreich gegen dich ankommen kann, wenn du in Christus ruhst. Deswegen erinnert er dich an Sorgen und Befürchtungen, weil er versuchen will, dich aus der Ruhe zu bringen.

Deine Reaktion darauf? Bleib einfach ruhig, sicher geborgen in Jesu Liebe zu dir, und lass dein Herz nicht aufwühlen. In Christus befindest du dich bereits auf Siegesgrund!

Das spreche ich im Glauben aus

Ich sitze mit Christus in der Himmelswelt und befinde mich bereits auf Siegesgrund.

Christus hat jede Gewalt und Macht dieser Welt besiegt, und ich ruhe in seiner Versorgung und seinem Schutz für mich und meine Lieben.

Persönliche Reflexion

Denke darüber nach, was es bedeutet, zu sitzen. Es ist eine Haltung der Ruhe, die du in dem Wissen eingenommen hast, dass du nichts mehr tun musst, weil Christus durch sein vollkommenes Werk am Kreuz alles Notwendige erfüllt hat, damit du alle Segnungen Gottes genießen kannst. Bitte Jesus, dir zu helfen, in seiner Ruhe zu bleiben und den Sieg zu genießen!

ZUSAGE 37

WUNDERSCHÖN IN GOTTES AUGEN

Gottes Zusagen an mich

Ich danke dir dafür, dass ich erstaunlich und wunderbar gemacht bin; wunderbar sind deine Werke, und meine Seele erkennt das wohl!

PSALM 139,14

Und eine Stimme aus dem Himmel sprach: »Dies ist mein geliebter Sohn, an ihm habe ich große Freude.«

MATTHÄUS 3,17 NLB

Ein Wort der Ermutigung an mich

Erwartungen können wie eine schwere Last sein. Der Druck, gut auszusehen, klug, beruflich erfolgreich, eine liebevolle Ehefrau, fürsorgliche Mutter, pflichtbewusste Tochter und treue Freundin zu sein, kann die beste Mama der Welt an ihrem Wert und ihrer Bedeutung zweifeln lassen.

Es ist nicht falsch, in diesen Rollen glänzen zu wollen. Aber zuallererst will Gott dich wissen lassen, wie sehr er dich einfach so liebt, wie du bist. Er will dich wissen lassen, dass du in Christus völlig angenommen bist und du ihm schon gut gefällst – und dass nichts das jemals ändern wird.

Wenn du deine Identität in Christus entdeckst und sicher zu wissen beginnst, dass du Gottes geliebte Tochter und sein wunderschönes Meisterwerk bist, wirst du zunehmend erleben, wie er dich in deinen anderen Rollen anleitet und wachsen lässt. Auf diese Weise wirst du für deine Familie und auch andere Menschen zum verlängerten Arm seiner Liebe.

Liebe Freundin, du darfst heute wissen, dass du die geliebte Tochter deines Vaters bist, an der er große Freude hat. Ruhe in seiner Liebe und du wirst der Segen sein, der du sein möchtest!

Das spreche ich im Glauben aus

Ich bin Gottes wunderschönes Meisterwerk,
erstaunlich und wunderbar gemacht.
Ich bin seine geliebte Tochter,
an der er große Freude hat.

Er leitet mich und versorgt mich mit allem,
was ich brauche, um die bestmögliche Ehefrau,
Mutter, Tochter und Freundin zu sein!

Persönliche Reflexion

Wodurch definierst du dich? Sieh deine Bedeutung und deinen Wert zunehmend durch die Augen deines himmlischen Vaters, indem du darüber meditierst, dass er dich seine geliebte Tochter nennt und sagt, dass er große Freude an dir hat. Danke ihm anschließend für seine Liebe und dafür, dass er dich darin anleitet, in allen deinen Rollen ein Segen zu sein.

ZUSAGE 38

GOTTES LIEBE BEFÄHIGT MICH, MEINE KINDER GUT ZU ERZIEHEN

Gottes Zusagen an mich

Lehre dein Kind, den richtigen Weg zu wählen, und wenn es älter ist, wird es auf diesem Weg bleiben.

SPRÜCHE 22,6 NLB

»Ich habe ihn auserwählt, damit er seine Nachkommen lehrt, nach meinem Willen zu leben und zu tun, was richtig und gerecht ist. Dann werde ich alle meine Versprechen einlösen, die ich ihm gegeben habe.«

1. MOSE 18,19 NLB

Ein Wort der Ermutigung an mich

Machst du dir Sorgen um ein rebellisches Kind und hast deine liebe Not mit ihm? Vielleicht befindet sich dein Kind in schlechter Gesellschaft oder tut gefährliche Dinge und will nicht auf dich hören.

Würdest du gern Gottes Erziehungsansatz kennen? Sieh dir 1. Mose 18,19 an, dort steht, wie der Herr über Abraham und seine Hausgemeinschaft spricht.

Beachte die wunderbare Ereignisabfolge: Zuerst wurde Abraham von Gott erwählt und geliebt. Durch seine Beziehung mit Gott und indem er Gottes Liebe zu sich erkannte, erfuhr Abraham die Weisheit, Gunst und Hilfe, die er brauchte, um Ordnung in seine Hausgemeinschaft zu bringen.

Liebe Freundin, Gott liebt dich und will dich und dein Haus mit seiner Liebe und seinem Frieden erfüllen. Höre, wie er dir heute zusichert, dass er dich liebt und auf deinem Weg durch die Kindererziehung dein bewährter Helfer ist. Ruhe in seiner ewiggegenwärtigen und unerschöpflichen Liebe zu dir und erlebe, dass er dich treu mit der Gnade und Weisheit versorgt, die du brauchst, um gut mit jeder möglicherweise auftretenden Erziehungskrise umzugehen!

Das spreche ich im Glauben aus

Ich vertraue auf Gottes ewiggegenwärtige, unerschütterliche Liebe, die mich meine Kinder gut erziehen lässt.

Ich nehme Gottes Liebe für mich an und erlaube ihr, in meinem Herzen überzufließen, denn das befähigt mich, meine Kinder mit Gnade, Weisheit und Freude zu erziehen.

Persönliche Reflexion

Weltliche Erziehungsratgeber legen den Schwerpunkt auf die richtigen Verhaltensweisen von Eltern. Lerne, deinen Fokus stattdessen auf Gott zu richten, in seiner Liebe zu ruhen und seine Gnade und Weisheit in die Beziehung mit deinen Kindern hineinfließen zu lassen. Schreibe auf, wie du Gottes Liebe und Gegenwart spürbar in deinen Alltag fließen lassen kannst.

ZUSAGE 39

DER HERR ERNEUERT MEINE JUGEND UND SCHÖNHEIT

Gottes Zusagen an mich

*Der mit Gutem sättigt dein Leben.
Deine Jugend erneuert sich wie bei einem Adler.*

PSALM 103,5 ELB

Durch Glauben erhielt auch Sarah selbst die Kraft, schwanger zu werden, und sie gebar, obwohl sie über das geeignete Alter hinaus war, weil sie den für treu achtete, der es verheißen hatte.

HEBRÄER 11,11

Als er sich Ägypten näherte, sagte er zu seiner Frau Sarai: Ich weiß, du bist eine Frau von großer Schönheit.

1. MOSE 12,11 EÜ

Ein Wort der Ermutigung an mich

Würdest du nicht auch gern stark bleiben und die Schönheit und Lebenskraft deiner Jugend behalten? Gott sei gelobt, denn als ein Kind Gottes kann das deine Realität sein.

Die »Quelle der Jugend« findet man in der Bibel. Sarah war neunzig Jahre alt, als sie mit Isaak schwanger wurde. Nicht nur ihr Körper und ihre Energie wurden erneuert, sondern auch ihre Schönheit. Der ägyptische Pharao wollte sie für sich haben, als sie fünfundsechzig Jahre alt war. Als sie neunzig war, wollte Abimelech, König der Philister und ein Heide, der Schönheit nur an Äußerlichkeiten festmachte, sie zu seiner Frau machen.

Wenn Gott Sarahs Jugend erneuern konnte, kann er es auch für dich tun. Wenn du als eine Tochter Sarahs Gott ebenfalls als treu und voller Gnade dir gegenüber erachtest, wirst du Sarahs Segnungen – Erneuerung der Jugend, Stärke und Schönheit – erben. Ruhe in seiner Gnade und Treue, und erlebe deine Erneuerung am eigenen Leib!

Das spreche ich im Glauben aus

Ich bin eine Tochter Sarahs, und der Herr erneuert meine Jugend und Schönheit!

Meine Schönheit und Lebendigkeit werden mit fortschreitendem Alter nicht verblassen.

Der Herr wird mein Angesicht leuchten lassen mit einer Herrlichkeit, die seine Gegenwart in meinem Leben bezeugt.

Persönliche Reflexion

Siehst du die Erneuerung deiner Jugend und Schönheit als unmöglich an? Gibt es etwas, das für Gott – der Himmel und Erde gemacht hat und der die Zeit in seiner Hand hält – zu schwierig wäre? Während du über die obenstehenden Bibelverse meditierst, lass dein Herz durch sein Wort in der Wahrheit verankern, dass dies dein Erbe in Christus ist.

ZUSAGE 40

ER LEITET MICH MIT SEINEM FRIEDEN

Gottes Zusagen an mich

›Denn ich weiß genau, welche Pläne ich für euch gefasst habe‹, spricht der Herr. ›Mein Plan ist, euch Heil zu geben und kein Leid. Ich gebe euch Zukunft und Hoffnung.‹

JEREMIA 29,11 NLB

Denn Gott ist es, der in euch sowohl das Wollen als auch das Vollbringen wirkt nach seinem Wohlgefallen.

PHILIPPER 2,13

Ein Wort der Ermutigung an mich

Stehst du in deinem Leben vor großen Entscheidungen und fragst dich, was in diesen Bereichen Gottes Wille für dich ist? Vielleicht denkst du über einen Berufswechsel nach, ziehst in eine neue Stadt oder entscheidest, auf welche Schule deine Kinder gehen sollen.

In der Vergangenheit musste Gottes Volk Propheten um Rat bitten, damit diese seinen Willen herausfänden. Heute geht das einfacher, indem Gott selbst uns von innen heraus leitet – durch seinen Heiligen Geist!

Weil du eine Glaubende im neuen Bund bist, hat dein Abba-Vater dir seine Pläne und Absichten für dich ins Herz geschrieben. Bitte ihn im Gebet um Richtungsweisung und er wird dich mit einer inneren Stimme leiten und dich mit seinem Schalom-Frieden erfüllen, der den Verstand übersteigt.

Liebe Freundin, ich bete, dass deine Entscheidungsprozesse voller Frieden sind (und nicht voller Unruhe), weil du weißt, dass Gott selbst dich zu den guten Plänen führt, die er für dich hat!

Das spreche ich im Glauben aus

Mein himmlischer Vater, der mich liebt und das Beste für mich will, leitet mich in meinem Entscheidungsprozessen.

Er hat seine Pläne für mich in mein Herz geschrieben und er wird mich mit seinem Schalom-Frieden erfüllen, während er mich zu diesen guten Plänen hinführt!

Persönliche Reflexion

Hast du Angst davor, große Entscheidungen zu treffen? Bringe dem Herrn im Gebet jedes Anliegen und vertraue darauf, dass er die Zukunft kennt und schon den besten Weg für dich geplant hat. Ruhe in seiner Liebe und lass dich von seinem Frieden zur richtigen Entscheidung führen.

ZUSAGE 41

JESUS KÜMMERT ES, WIE ICH MICH FÜHLE

Gottes Zusagen an mich

Jesus ist ja nicht ein Hoherpriester, der uns in unserer Schwachheit nicht verstehen könnte. Vielmehr war er genau wie wir – Versuchungen aller Art ausgesetzt, allerdings mit dem entscheidenden Unterschied, dass er ohne Sünde blieb.

HEBRÄER 4,15 NGÜ

Werft alle eure Sorge auf ihn, denn er kümmert sich um euch!

1. PETRUS 5,7 EÜ

Ein Wort der Ermutigung an mich

Liebe Freundin, ich möchte dich wissen lassen, dass Jesus deine Gefühle und das, was du durchlebst, überaus wichtig nimmt.

In den Evangelien sehen wir viele Beispiele, wie Jesus von einem Mutterherz berührt wurde. Er hatte Mitgefühl mit der Witwe von Nain und weckte ihren Sohn von den Toten auf. Selbst am Kreuz, mitten in seinem Leiden, kümmerte ihn die Trauer seiner Mutter und er trug seinem Jünger Johannes auf, er solle für sie sorgen.

Unser Herr steht nicht über den menschlichen Gefühlen. Er kam als Mensch auf diese Erde, damit er verstehen und mitfühlen könnte, was du heute durchlebst. Er hat ein zuhörendes Ohr, wenn du eines brauchst. Er ist immer bereit, die Schulter zu sein, an der du dich ausweinen kannst, und dich zu trösten, wenn du harte Zeiten durchmachst. Schütte ihm dein Herz aus, lass ihn dein bester Freund sein und wirf alle deine Sorgen auf ihn!

Das spreche ich im Glauben aus

Jesus fühlt mit mir. Es berührt ihn, wenn ich verzweifelt bin, und er freut sich mit mir, wenn ich fröhlich bin.

Weil Jesus mich zutiefst liebt, kümmert es ihn, was mir auf dem Herzen liegt. Ich kann mit Zuversicht zu seinem Thron der Gnade kommen und alle meine Sorgen auf ihn werfen.

Persönliche Reflexion

Wenn du weißt, dass du bei Jesus völlig ehrlich sein kannst, gibt es dann etwas, was du ihm nicht erzählen könntest? Bitte ihn darum, alle Sorgen und Ängste wegzunehmen, die dein Herz belasten, und sie mit seinem Frieden und seiner Freude zu ersetzen!

ZUSAGE 42

ICH KANN ANGSTFREI LEBEN

Gottes Zusagen an mich

Furcht ist nicht in der Liebe, sondern die vollkommene Liebe treibt die Furcht aus. Denn die Furcht rechnet mit Strafe.

1. JOHANNES 4,18 LUT

Denn Gott hat die Welt so sehr geliebt, dass er seinen einzigen Sohn hingab, damit jeder, der an ihn glaubt, nicht verloren geht, sondern das ewige Leben hat.

JOHANNES 3,16 NLB

Er, der sogar seinen eigenen Sohn nicht verschont hat, sondern ihn für uns alle dahingegeben hat, wie sollte er uns mit ihm nicht auch alles schenken?

RÖMER 8,32

Ein Wort der Ermutigung an mich

Es ist furchtbar, wenn man schon morgens beim Aufwachen einen Angstknoten im Magen hat.

Und Fakt ist: Du kannst die Angst nicht weganalysieren, wegdiskutieren oder wegwünschen. Angst kann nur »ausgetrieben« werden – wie die Bibel sagt –, und zwar von etwas Mächtigerem, und dieses Etwas ist die »vollkommene Liebe«.

Doch der Mensch ist nicht in der Lage, auf vollkommene Weise zu lieben. Von wessen Liebe spricht die Bibel also? Es ist die Liebe des einzigen vollkommenen Wesens im ganzen Universum: Gott!

Wenn der Feind dir heute angstvolle oder beklemmende Gedanken in den Kopf pflanzt, dann meditiere darüber, dass der Vater dich SO sehr geliebt hat, dass er seinen einzigen, geliebten Sohn bereitwillig für dich in den Tod gegeben hat. Und wenn er dir seinen Sohn geschenkt hat, wie sollte er dir mit ihm nicht auch alles andere schenken?

Egal, ob dein Herz also von einem Gesundheits-, Versorgungs- oder Beziehungsproblem geplagt wird: Nimm zuerst Gottes unerschütterliche und bedingungslose Liebe für dich an. Und mach dir bewusst, dass du – weil du Gottes geliebte Tochter bist –, seine Gerechtigkeit, Weisheit, Gunst und auch seine Kraft hast, die mächtig für dich wirkt!

Das spreche ich im Glauben aus

Gott liebt mich so sehr, dass er Jesus für mich hingab und mir zusammen mit Jesus alles geschenkt hat. Ich muss keine Angst davor haben, dass ich oder meine Familie von etwas Negativem überfallen werden.

Weil ich Gottes geliebte Tochter bin, gehören mir heute Gottes Weisheit, Gunst, Schutz und Versorgung.

Persönliche Reflexion

Wenn du heute Angst vor etwas hast, nimm dir Zeit, um über die heutigen Bibelverse zu meditieren, und lass dich von Gottes Liebe neu überströmen. Sieh dich selbst unter dem Schirm seiner bedingungslosen und unerschöpflichen Liebe und danke ihm, dass er sich um jedes deiner Anliegen kümmert.

ZUSAGE 43

RETTUNG GEHÖRT MIR UND MEINEM HAUS

Gottes Zusagen an mich

Sie erwiderten: »Glaube an Jesus, den Herrn, dann wirst du gerettet, zusammen mit allen in deinem Haus.«

APOSTELGESCHICHTE 16,31 NLB

Lasst uns das Bekenntnis der Hoffnung unwandelbar festhalten – denn treu ist er, der die Verheißung gegeben hat.

HEBRÄER 10,23 ELB

Ein Wort der Ermutigung an mich

Es ist eine der größten Segnungen diesseits des Himmels, wenn wir erleben dürfen, dass alle unsere Familienangehörigen gerettet sind und mit Jesus leben. Wenn es in deiner Familie kostbare Menschen gibt, die den Herrn noch nicht kennengelernt haben, dann lass dich von den biblischen Erzählungen ermutigen, in denen Gott ganze Familien durch ein einziges gläubiges Familienmitglied gerettet hat: Er rettete Noahs Familie vor der Flut, Rahabs Hausgemeinschaft vor der Zerstörung, als in Jericho die Mauern fielen, und in der Apostelgeschichte das Haus des Gefängniswärters aus Philippi.

Lies noch einmal Apostelgeschichte 16,31–32 – es liegt Gott am Herzen, dass deine ganze Familie gerettet wird. Das bedeutet nicht, dass deine Familie automatisch gerettet ist, aber durch deinen Glauben an den Herrn Jesus hat Gott eine offene Tür, um im Leben deiner Familienmitglieder zu wirken – um sie zu schützen und zu segnen und sie zur rettenden Erkenntnis Christi zu führen. Bitte den Herrn um Mut und Gelegenheiten, ihnen das Evangelium weiterzugeben, und darum, dass sie die persönliche Entscheidung treffen, Jesus als ihren Herrn und Retter anzunehmen.

Liebe Freundin, während du deinen Glauben frei setzt und in Gottes Zusagen ruhst, wird er allen in deinem Haus seine Rettung bringen!

Das spreche ich im Glauben aus

Alle meine Familienmitglieder werden zur rettenden Erkenntnis Jesu kommen und seine Gnade auf persönliche Weise erleben. Das ist Gottes Zusage an mich und er hält sein Wort.

Während ich dafür bete, dass die noch nicht erretteten Menschen in meiner Familie den Herrn Jesus persönlich als ihren Retter annehmen, hört Gott mein Gebet und wird Apostelgeschichte 16,31–32 für mich und meine Familie Realität werden lassen.

Persönliche Reflexion

Wenn die Sorge um die Errettung eines bestimmten Familienangehörigen dein Herz beschwert, halte fest an Gottes Zusage, dass er »alle in deinem Haus« retten wird. Während du für dieses Familienmitglied betest, bitte Gott darum, ihm oder ihr ein offenes Herz zu geben, um das Evangelium zu hören und alles anzunehmen, was Jesus auf Golgatha für ihn oder sie bewirkt hat.

ZUSAGE 44

GOTT BESCHÜTZT MICH UND MEINE FAMILIE, WENN WIR REISEN

Gottes Zusagen an mich

Der HERR schützt dich vor allem Unheil, er bewahrt dein Leben. Er gibt auf dich acht, wenn du aus dem Haus gehst und wenn du wieder heimkehrst. Jetzt und für immer steht er dir bei!

PSALM 121,7–8 HFA

Wenn auch tausend fallen zu deiner Seite und zehntausend zu deiner Rechten, so wird es doch dich nicht treffen.

PSALM 91,7 LUT

Ein Wort der Ermutigung an mich

Liebe Freundin, wenn du oder deine Angehörigen reisen, sei dir bewusst, was Gott dir in seinem Wort zusagt. Obwohl wir umsichtig sein können, um gefährliche Situationen zu vermeiden, glaube ich, dass die beste »Reiseschutzversicherung« darin besteht, betend Psalm 91 über euch und eure Reisepläne auszusprechen!

Ich erhielt ein wunderbares Zeugnis von einer Frau aus den USA, die übernatürlichen Schutz erlebte, während sie sich mit ihren beiden Töchtern auf einer Autoreise befand. Vor der Reise hatte sie sich dazu angeregt gefühlt, Psalm 91 zu lesen, und sprach die Verse zusammen mit ihrer Familie laut aus.

Während der Fahrt hörte sie, wie der Geist ihr sagte, sie solle sich an einer Raststätte Zeit lassen und nicht gleich weiterfahren. Sie gehorchte dieser Anweisung. Auf wundersame Weise bewahrte sie das vor einem heftigen Tornado, der auf einem Abschnitt des Highways, auf dem sie und ihre Töchter weitergereist wären, eine Schneise zog und dabei starke Verwüstungen verursachte – und das knapp fünf Minuten, bevor sie dort angekommen wären!

Wenn auch du wie diese Frau dein Vertrauen auf den Herrn setzt, der schon vor dir hergegangen ist, wird er seinem Wort treu sein und dich und deine Angehörigen vor allem Unheil bewahren!

Das spreche ich im Glauben aus

Der Herr bewahrt mich und meine Familie, wenn wir reisen. Er ist seinem Wort treu, auf mich und meine Familie achtzugeben und uns zu beschützen. Er wird uns in all unserem Kommen und Gehen sicher bewahren.

Ich spreche die Zusage aus Psalm 91 über meiner gesamten Familie aus und glaube, dass kein Unheil uns treffen wird.

Persönliche Reflexion

Es ist nicht möglich, alle Dinge, die auf einer Reise schiefgehen könnten, vorherzusehen oder zu vermeiden. Anstatt dir Sorgen zu machen, sprich Psalm 91 aus und ruhe während der gesamten Reise in Gottes Liebe und Schutz.

ZUSAGE 45

ÜBERFLIESSENDE GNADE FÜR MEINE KÄMPFE

Gottes Zusagen an mich

Und er hat zu mir gesagt: Meine Gnade genügt dir, denn meine Kraft kommt in Schwachheit zur Vollendung. Sehr gerne will ich mich nun vielmehr meiner Schwachheiten rühmen, damit die Kraft Christi bei mir wohne.

2. KORINTHER 12,9 ELB

Wo aber die Sünde zugenommen hat, hat [Gottes bemerkenswertes, gütiges Geschenk der] Gnade [seine unverdiente Gunst] sie übertroffen und noch viel mehr zugenommen.

RÖMER 5,20 AMP

Ein Wort der Ermutigung an mich

Kämpfst du schon länger mit einer Sucht, mit depressiven Gedanken oder Gefühlen der Verurteilung oder Schuld?

Ich habe schon viele Zeugnisse von kostbaren Gläubigen erhalten, die jahrelang erfolglos versuchten, aus Herausforderungen wie diesen auszubrechen. Sie fühlten sich unterlegen, kraftlos und nicht in der Lage, ihre Situation zu ändern.

Doch dann hörten sie von Gottes Gnade – davon, dass Gott sie inmitten ihrer Kämpfe immer noch liebte, dass er sie durch den göttlichen Austausch am Kreuz als gerecht ansah und bereit war, sie zu retten. Und diese Offenbarung befreite sie von jeder Gebundenheit!

Liebe Freundin, Gottes Gnade ist nicht nur gerade so ausreichend für dich, sondern sie überschwemmt wie eine Flut genau den Bereich, in dem du zu kämpfen hast. Ich liebe es, wie der Griechischgelehrte Kenneth Wuest Römer 5,20 übersetzt: »wo die Sünde zunahm, wurde die Gnade überfließend und ging noch darüber hinaus.«

Lass also dein Leben heute von der Kraft seiner Gnade verwandeln. Höre immer wieder die gute Nachricht des Evangeliums und lass nicht davon ab, daran zu glauben – und lebe in dem Sieg, den Christus bereits für dich errungen hat.

Das spreche ich im Glauben aus

Ich glaube, dass Gottes Gnade der einzige Ausweg aus meinen Kämpfen und Herausforderungen ist.

Jesu vollbrachtes Werk am Kreuz hat mich von jeder Fessel der Sünde und Schuld befreit, und durch seine Gnade kann ich ein siegreiches Leben führen!

Persönliche Reflexion

Nimm heute Gottes Gnade für den Bereich an, in dem zu kämpfen hast. Danke ihm für seine Liebe und Vergebung, sprich deine Gerechtigkeit in Christus laut aus und erlaube ihm, deine Situation komplett zu wenden!

ZUSAGE 46

GOTT VERWANDELT ALLES BITTERE IN ETWAS SÜSSES

Gottes Zusagen an mich

Da kamen sie nach Mara; aber sie konnten das Wasser von Mara nicht trinken, denn es war sehr bitter. Daher nannte man es Mara. Da murrte das Volk gegen Mose und sprach: Was sollen wir trinken? Er aber schrie zum HERRN, und der HERR zeigte ihm ein Holz; das warf er ins Wasser, da wurde das Wasser süß.

2. MOSE 15,23–25

Er stärkt und erfrischt meine Seele. Er führt mich auf rechten Wegen und verbürgt sich dafür mit seinem Namen.

PSALM 23,3 NGÜ

Ein Wort der Ermutigung an mich

Wenn du etwas erlebt hast, das bei dir Narben hinterlassen hat – vielleicht hat ein geliebter Mensch dich tief verletzt –, dann möchte ich dich ermutigen, den Herrn in diese Situation einzubeziehen. Sieh ihn, wie er dich hält und sanft deine Wunden heilt. Jesus liebt dich und möchte dein Herz mit seiner zärtlichen Liebe neu stärken.

Wenn du Jesus in dein bitteres Wasser hineinlässt, wird er es süß machen. Genau das tat der Herr für die Kinder Israels, als sie an einen Ort namens Mara kamen und dessen bitteres Wasser nicht trinken konnten. Mose schrie zum Herrn und der Herr zeigte ihm ein Holz, das Mose ins Wasser warf. Daraufhin »wurde das Wasser süß«, berichtet uns die Bibel.

Bring heute in jede bittere Situation das »Holz« hinein – ein Bild für das Kreuz, an dem unser Herr Jesus hing und jedes gebrochene Herz und jeden Stachel des Verrats trug. Wenn du Jesus in deine Situation hineinbringst, wird er alle Bitterkeit aus deinem Herzen entfernen und es mit seiner Liebe, seinem Frieden und seiner Freude erfüllen.

Das spreche ich im Glauben aus

Jesus kennt mein gebrochenes Herz und es kümmert ihn. Er liebt mich und legt seinen Frieden und seine Stärke in mein Herz hinein. Er leitet mich dazu an, zu vergeben und die Verletzungen der Vergangenheit loszulassen.

Weil er mich liebt, stärkt und erfrischt er meine Seele mit seinem Frieden und seiner Freude. Ganz egal, was passiert ist: Meine Zukunft ist in Christus strahlend und sicher!

Persönliche Reflexion

Jesus kümmert sich um jede schmerzvolle Situation deiner Vergangenheit. Beziehe ihn ein und bitte ihn darum, alle Bitterkeit und allen Groll mit seiner Liebe und Freude zu ersetzen. Rede mit ihm und erlaube seiner Gegenwart, dich heute innerlich heil zu machen.

ZUSAGE 47

ICH KANN DAS ABENDMAHL NEHMEN UND MICH ZU GÖTTLICHER GESUNDHEIT ESSEN

Gottes Zusagen an mich

Fürwahr, er trug unsre Krankheit und lud auf sich unsre Schmerzen. Wir aber hielten ihn für den, der geplagt und von Gott geschlagen und gemartert wäre. Aber er ist um unsrer Missetat willen verwundet und um unsrer Sünde willen zerschlagen. Die Strafe liegt auf ihm, auf dass wir Frieden hätten, und durch seine Wunden sind wir geheilt.

JESAJA 53,4–5 LUT

In der Nacht, als er verraten wurde, nahm Jesus, der Herr, einen Laib Brot, und nachdem er Dank gesagt hatte, brach er ihn und sprach: »Das ist mein Leib; euch ist er zugedacht [In anderen Handschriften: der für euch gebrochen wird; o. der für euch hingegeben wird]. Tut das zur Erinnerung an mich.« Ebenso nahm er nach dem Abendmahl den Weinkelch und sprach: »Dieser Kelch ist der neue Bund zwischen Gott und euch, besiegelt durch mein Blut. Wann immer ihr daraus trinkt, tut es zur Erinnerung an mich.« Denn jedes Mal, wenn ihr dieses Brot esst und aus diesem Kelch trinkt, verkündet ihr den Tod des Herrn, bis er wiederkommt.

1. KORINTHER 11,23–26 NLB

Ein Wort der Ermutigung an mich

Wenn du krank bist, gehst du vielleicht zum Arzt und bekommst ein Medikament verschrieben, das dir dabei hilft, dich besser zu fühlen.

In deinem Bemühen um Heilung für deinen Körper nimm dir etwas Zeit, um dich an Jesus und sein vollbrachtes Werk zu erinnern. Ich möchte dich dazu ermutigen, neben deiner Arznei auch das einzunehmen, was der Herr verschreibt: das Abendmahl, das auf wundersame Weise wirkt und keine Nebenwirkungen hat!

Wenn du das Abendmahl nimmst, bringst du dir Jesu vollkommenes Opfer am Kreuz in Erinnerung. Während du das Brot isst, sieh, wie Jesu Körper für dich gebrochen wurde, damit dein Körper geheilt und gesund gemacht würde. Während du aus dem Becher trinkst, danke ihm für sein Blut, das deine Sünden weggewaschen und dich gerecht gemacht hat. Denn aus diesem Grund hast du rechtmäßigen Anspruch auf göttliche Heilung im Namen Jesu!

Liebe Freundin, der Herr möchte, dass du gesund bist. Ruhe in seinem vollbrachten Werk, nimm das Abendmahl und iss dich zu göttlicher Gesundheit!

Das spreche ich im Glauben aus

Jesu vollbrachtes Werk hat mich von jeder Krankheit und jedem Gebrechen dieser Erde befreit.

Während ich das Abendmahl nehme, spreche ich aus, dass Jesu Körper gebrochen wurde, damit mein Körper geheilt und gesund sein würde.

Ich spreche aus, dass sein Blut meine Sünden weggewaschen, mich gerecht gemacht und mich dazu berechtigt hat, meine Heilung zu empfangen!

Persönliche Reflexion

Immer wenn du krank bist und deine verordnete Medizin einnimmst, denk daran, gleichzeitig auch das Abendmahl zu nehmen. Glaube, dass Jesus dich gesund und geheilt sehen möchte!

ZUSAGE 48

GOTT GIBT MIR JEDEN TAG WEISHEIT, UM ERFOLGREICH ZU SEIN

Gottes Zusagen an mich

Weisheit ist das Allerwichtigste; darum gib notfalls alles hin, um sie zu erwerben. Halte sie in Ehren, dann wird sie dich zu Ehren bringen. Wende ihr deine Liebe zu, und sie wird dir Ansehen verschaffen.

SPRÜCHE 4,7–8 GNB

Aus ihm aber kommt es, dass ihr in Christus Jesus seid, der uns geworden ist Weisheit von Gott.

1. KORINTHER 1,30 ELB

Ein Wort der Ermutigung an mich

Gott ist für uns und möchte uns in jedem Lebensbereich guten Erfolg erfahren lassen. Darum trägt er uns auf, das Streben nach Weisheit an erste Stelle zu stellen!

Die Bibel sagt uns: »Weisheit ist das Allerwichtigste«. Das hebräische Wort für »Allerwichtigstes« ist *re'schit* und bedeutet »Allererstes« und »Bestes«. Nach Weisheit zu streben ist also das Beste, was wir tun können, und es sollte auf unserer täglichen »Aufgabenliste« ganz oben stehen.

Liebe Freundin, beim Streben nach Weisheit geht es heute vor allem darum, nach einer innigen Beziehung mit Jesus zu streben, denn er ist deine Weisheit. Und er wird dich leiten, während du dich auf ihn verlässt und ihn um Hilfe bittest oder darum, dass er durch sein Wort zu dir spricht.

Gott wünscht sich für dich, dass du in allen Aspekten deines Lebens ins Schwarze triffst, sei es in der Familie, im Beruf oder im geistlichen Dienst. Wenn du auf kindliche Weise darauf vertraust, dass er dir guten Erfolg schenken will, wird er dich in deinen alltäglichen Angelegenheiten leiten, damit dir alles gelingt, was du tust!

Das spreche ich im Glauben aus

Nach Gottes Weisheit zu streben, steht für mich heute an erster Stelle!

Jesus ist meine Weisheit, und ich werde in allem, was ich tue, ins Schwarze treffen, weil mein Herr Jesus – der Eine, der alle Dinge kennt – mich zu gutem Erfolg führen wird!

Persönliche Reflexion

Je mehr du dich auf den Herrn und seine Weisheit verlässt, desto umfänglicher erlaubst du ihm, dich in allen Dingen zu leiten. Was wolltest du aus eigener Stärke bewältigen? Gib es ihm und ruhe im Vertrauen darauf, dass er dich leiten wird.

ZUSAGE 49

MEIN LEBEN IST GOTTES MEISTERSTÜCK

Gottes Zusagen an mich

In Jesus Christus sind wir Gottes Meisterstück. Er hat uns geschaffen, dass wir tun, was wirklich gut ist, gute Werke, die er für uns vorbereitet hat, dass wir damit unser Leben gestalten.

EPHESER 2,10 NEÜ

Und wir wissen [mit großer Zuversicht], dass Gott [der sich zutiefst für uns interessiert] für diejenigen, die ihn lieben, alle Dinge [in planvoller Weise] zum Guten zusammenwirken lässt, für diejenigen, die nach seinem Plan und seiner Bestimmung berufen sind.

RÖMER 8,28 AMP

Ein Wort der Ermutigung an mich

In einer Lebensphase voller Druck, wenn es sich anfühlt, als wärst du ganz unten, und die herausfordernden Umstände nur so auf dich einprasseln, fragst du dich vielleicht, ob Gott dich vergessen hat.

Ich möchte dich mit der alttestamentlichen Geschichte von Josef ermutigen. Er war buchstäblich ganz unten, als er von seinen Brüdern in eine Grube geworfen wurde. Er wurde als Sklave verkauft, von der Frau seines Herrn verleumdet und für ein Unrecht ins Gefängnis geworfen, das er nicht begangen hatte. Und doch hatte Gott immer noch alles unter Kontrolle, und die Not, die Josef durchlebte, war eigentlich ein Sprungbett, das ihn letztlich auf den Posten des Premierministers von Ägypten beförderte!

Liebe Freundin, du bist Gottes Meisterstück, in Liebe erschaffen, damit du seine guten Pläne für dich genießen kannst. Er hat dich nicht vergessen oder verlassen, sondern wird jeden Aspekt deines Lebens zu seiner Ehre verwenden. Jetzt gerade siehst du vielleicht nur ein großes Durcheinander, aber aus den Schwierigkeiten, die du zurzeit durchlebst, webt der Herr einen wunderschönen Wandteppich – ein Meisterstück seiner Güte und Gnade – und bringt dich in Stellung für etwas Großes!

Das spreche ich im Glauben aus

Ich bin Gottes Meisterstück und er hat gute Pläne für mich.

Die Herausforderungen, die ich heute durchlebe, sind lediglich ein Sprungbrett hinauf zu den guten Dingen, die Gott für mich hat, denn er lässt für mich alles zum Guten zusammenwirken.

Persönliche Reflexion

Die Rückseite eines Wandteppichs sieht vielleicht aus wie ein großes Durcheinander – ein Chaos aus verhedderten, verknoteten Fäden, scheinbar ohne jede Ordnung. Doch wenn wir den Teppich umdrehen, entdecken wir das wunderschöne Kunstwerk, das er wirklich ist. Sag dem Herrn in deinen eigenen Worten, dass du ihm zutraust, alle Fäden deines Lebens so zu weben, dass sie zusammen das Meisterstück ergeben, das Gott im Sinn hatte, als er dich erschaffen hat.

ZUSAGE 50

WENN ICH RUHE, KÜMMERT JESUS SICH UM ALLES ANDERE

Gottes Zusagen an mich

Auf ihrer Weiterreise kam Jesus in ein Dorf, wo ihn eine Frau mit Namen Marta in ihr Haus einlud. Sie hatte eine Schwester, die Maria hieß. Maria setzte sich dem Herrn zu Füßen und hörte ihm zu. Marta dagegen war sehr mit der Vorbereitung des Essens beschäftigt. Schließlich stellte sie sich vor Jesus hin. »Herr«, sagte sie, »findest du es richtig, dass meine Schwester mich die ganze Arbeit allein tun lässt? Sag ihr doch, sie soll mir helfen!« »Aber Marta«, entgegnete ihr Jesus, »Marta, du bist beunruhigt und machst dir Sorgen um so viele Dinge! Notwendig ist aber vor allem eins. Maria hat das gute Teil davon gewählt, und das soll ihr nicht genommen werden.«

LUKAS 10,38–42 NEÜ

Ein Wort der Ermutigung an mich

Die Welt erwartet Supermütter – Frauen, die Kinder erziehen können, alle häuslichen Pflichten erledigen, beruflich aufsteigen, toll aussehen und dabei immer noch genügend Energie haben, liebevolle Ehefrauen zu sein! Doch wenn du versuchst, all das aus eigener Kraft zu tun, wirst du am Ende wahrscheinlich wie Marta sein – vielbeschäftigt, besorgt und ausgelaugt!

Liebe Freundin, Jesus will nicht, dass du ausgebrannt bist. Er lädt dich dazu ein, in der Ruhe zu sein und, wie Maria, das gute Teil zu wählen. Wenn du in ihm ruhst, wird er sich um alles andere kümmern!

Anstatt Hals über Kopf in deinen Tag zu stürzen, tu zuerst das Eine, das notwendig ist. Nimm dir morgens etwas Zeit mit dem Herrn, in der du sein Wort liest und darüber nachdenkst, wie gut er ist. Wenn du dich mit seiner Liebe füllst und in seiner Gegenwart Ruhe findest, wird er dich für den restlichen Tag mit der Stärke und Gnade versorgen, die dich in jeder Situation gedeihen lässt.

Das spreche ich im Glauben aus

Ich entscheide mich dafür, so wie Maria zu sein: Ich setze mich zu Jesu Füßen, höre seinem Wort zu und ruhe in seiner Gegenwart und Liebe.

Wenn ich den Tag mit dem Herrn beginne, wird er mir die Gnade und Stärke geben, damit ich alles, was zu tun ist, mit Erfolg tun kann!

Persönliche Reflexion

Zeit mit dem Herrn zu verbringen, kann einfach bedeuten, über einen Bibelvers nachzudenken oder nur eine Minute mit ihm zu reden, wobei du ihm deinen Tag anvertraust und ihm für seine Gegenwart dankst. Nimm dir etwas Zeit, um genau das jeden Tag zu tun.

Gebet für deine Errettung

Wenn du alles empfangen willst, was Jesus für dich getan hat, und ihn zu deinem Herrn und Retter machen möchtest, bete bitte dieses Gebet:

Herr Jesus, danke, dass du mich liebst und für mich am Kreuz gestorben bist. Dein kostbares Blut wäscht mich von jeder Sünde rein. Du bist jetzt und für immer mein Herr und mein Retter. Ich glaube, dass du von den Toten auferstanden bist und heute lebst. Wegen deines vollbrachten Werkes bin ich jetzt ein geliebtes Kind Gottes und der Himmel ist mein Zuhause. Danke, dass du mir ewiges Leben gibst und mein Herz mit deinem Frieden und deiner Freude erfüllst. Amen.

Wir würden gerne von dir hören

Wenn du das Gebet für deine Errettung gebetet hast oder uns nach dem Lesen dieses Buches gerne ein Zeugnis erzählen möchtest, schreib uns:

www.JosephPrince.de/Zeugnis

Abendmahlsgebet

Wenn du das Abendmahl nimmst, sieh und erkläre immer wieder, wie du durch Jesu Striemen geheilt wurdest und wie sein Blut alle deine Sünden weggespült und dich mit dem Recht versehen hat, seine Heilung und Gesundheit zu empfangen.

Halte das Brot in deiner Hand und sage dies:

Danke, Jesus, für deinen zerbrochenen Leib. Danke, dass du am Kreuz meine Symptome und Krankheiten getragen hast, damit ich deine Gesundheit und dein Heil-Sein besitzen kann. Ich erkläre, dass ich durch deine Wunden, durch die Schläge, die du ertragen hast, durch die Hiebe, die auf deinen Rücken fielen, vollkommen geheilt bin. Ich glaube und empfange heute dein Auferstehungsleben für meinen Körper. (Iss das Brot.)

Nimm danach den Kelch in deine Hand und sage dies:

Danke, Jesus, für dein Blut, das mich weißer gewaschen hat als Schnee. Dein Blut hat mir Vergebung gebracht und mich für immer gerecht gemacht. Und während ich trinke, feiere ich das Erbe der Gerechten, das Bewahrung, Gesundheit, Heil-Sein und alle deine Segnungen beinhaltet, und nehme es in mich auf. (Trink den Wein.)

Danke, Jesus, ich liebe dich, weil du mich zuerst geliebt hast.

Bleibe mit Joseph in Kontakt

Über die folgenden Social-Media-Kanäle kannst du mit Joseph in Kontakt bleiben und täglich inspirierende Impulse (in englischer Sprache) erhalten:

Facebook.com/JosephPrince
Twitter.com/JosephPrince
Youtube.com/@JosephPrince
Instagram: @JosephPrince

Kostenlose tägliche E-Mail-Andachten

Trage dich unter **JosephPrince.de/Andachten** in den Verteiler für Josephs kostenlose E-Mail-Andachten ein und erhalte jeden Tag kurze Botschaften, die dir helfen, in der Gnade zu wachsen.

Gnadenzusagen für Väter

Nichts berührt das Herz eines Mannes mehr, als sein kostbares Kind im Arm zu halten. Aber Vatersein besteht nicht nur aus guten, sondern auch aus schweren Zeiten. Deshalb lädt dich unser Herr Jesus dazu ein, Gnade, Kraft und weisen Rat von ihm zu empfangen. *Gnadenzusagen für Väter* hilft dir dabei mit ermutigenden Bibelstellen und Andachtstexten.

168 Seiten
Auch als E-Book erhältlich.

Heilungszusagen

»Heilungszusagen« nimmt dich mit in das Herz deines Herrn Jesus und zeigt dir seine Barmherzigkeit und Bereitschaft, dich zu heilen. Erkenne anhand von Gottes Wort, dass du in der Gnade unseres Herrn ruhen darfst, der selbst alles für dich getan hat, damit du geheilt werden kannst.

248 Seiten
Auch als E-Book erhältlich.

Versorgungszusagen

Werde von den *Versorgungszusagen* deines himmlischen Vaters ermutigt und erfrischt. Glaubensstärkende Anregungen werden deine Offenbarung über die Gnade Jesu und sein überfließendes Leben erweitern. Meditiere über die Zusagen deines himmlischen Vaters und empfange mehr von ihm.

248 Seiten
Auch als E-Book erhältlich.

Zur Herrschaft bestimmt
365 Andachten

Tägliche Betrachtungen für mühelosen Erfolg, Erfüllung und siegreiches Leben

Ein siegreiches Leben, das vor Segen überfließt – das hält Gott für uns bereit. Die glaubensstärkenden Andachten von Pastor Joseph Prince helfen dir, in der Gnade Gottes zu leben und darin zu wachsen. Behandelt werden praktische Themen wie Weisheit, Heilung, Versorgung und Schutz.

384 Seiten, gebunden mit Lesebändchen
Auch als E-Book erhältlich.